Vincenzo Sacco

Die Geschichte der Italiener in Weeze 1943–2013

1943–2013

Mit Freunden auf dem Weg

Die Geschichte der Italiener in Weeze

mit Freunden auf dem Weg
aufgeschrieben von Vincenzo Sacco
ins Deutsche übertragen von Marita Sacco

Impressum

Herausgeber: Vincenzo Sacco und Pagina Verlag GmbH, Goch
Texte: © Vincenzo Sacco
                 Nachdruck auch auszugsweise verboten

Gesamtherstellung: B.O.S.S Medien GmbH, Goch
Fotos: Privat oder Angabe im Bild
Umschlaggestaltung: Vincenzo Sacco

Printed in Germany

ISBN: 978-3-944146-51-5

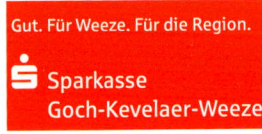

Inhaltsverzeichnis

Liebe Mitbürgerinnen und Mitbürger,

seit weit über 50 Jahren leben viele Mitbürgerinnen und Mitbürger aus Italien in Weeze. Auch aus anderen Ländern lebten oder leben bei uns, vornehmlich britische, niederländische und polnische Staatsangehörige. Das Zusammenleben harmonierte und ist gut.

Die italienischen Freunde wurden Ende der fünfziger- Anfang der sechziger Jahre als Gastarbeiter angesprochen und hier aufgenommen, weil wir ihre Arbeitskraft dringend benötigten. Für diese Menschen war es ein ungleich ungewisseres Unterfangen, sich in der neuen Gemeinschaft einzufinden, hier zu arbeiten, Geld zu verdienen und so in der Fremde den Unterhalt für ihre Familien zu sichern. Viele sind gekommen, um nur zeitweise hier zu sein und später nach Verbesserung der Situation wieder in die Heimat zurück zu kehren.

Unterschiedliche Sprachen, Kulturen, Traditionen und Lebensweisen trafen aufeinander. Weezer und Italiener mussten einander annehmen, aufeinander zugehen und respektvoll und tolerant miteinander umgehen.

Wie wir heute wissen, hat dies in unterschiedlicher Weise geklappt oder eben auch nicht. Italienische Familien sind heimisch geworden, deutsch-italienische Ehen und Freundschaften sind in Weeze nicht nur keine Seltenheit sondern heute ganz normal. Aus Heimweh oder weil es eben nicht klappte in der neuen Heimat, sind viele auch zurückgekehrt.

Eins ist geblieben: Die Erfahrung der Herzlichkeit dieser Menschen. Aber auch, dass sie ihre Heimat verlassen mussten, um hier ihr Glück und eine Zukunft in Ungewissheit zu beginnen, dass sie Fremde waren und sich ihren Platz in der einheimischen Bevölkerung mit viel Mühe erarbeiten mussten.

Positiv auch die Erfahrung, dass Menschen aus Weeze, die sich von Beginn an für die „Fremden" interessierten, ihre Traditionen, ihre Sprache und ihre Kultur kennen lernen wollten, ihnen den Einstand in der neuen Heimat zu erleichtern suchten und ihnen in vielen Dingen behilflich waren.

Geschichte wiederholt sich. Die Menschen sind schon immer der Arbeit als Basis ihres Glückes und Einkommens nachgereist. Beinahe 60 Jahre nach dieser Erfahrung gibt es auch heute noch, gerade in einem Europa des Friedens und der auch wirtschaftlich guten Lage, Zuwanderung. Gestern wie heute gibt es Fach- und Arbeitskräftemangel und an sich eigentlich eine ähnliche Situation. Wir sollten den Menschen, die zu uns kommen, heute mit einer Willkommenskultur empfangen. So wie wir es erwarten, wenn wir in Urlaub fahren, aber auch, wenn wir in anderen, uns fremden Ländern Arbeit aufnehmen, begrüßt werden möchten. Respekt, Offenheit und Toleranz für das Fremde, für deren Kultur und Tradition sind Tugenden, die es zu leben gilt.

Heute halten sie das Buch „Die Geschichte der Italiener in Weeze – mit Freunden auf dem Weg" in den Händen. In schönen, manchmal auch traurigen, aber meist in bewegenden Texten und Bildern zeichnet Vincenzo Sacco diesen Teil der Weezer Geschichte immigrierender Italiener auf. Ich danke ihm und allen Beteiligten, sowohl denen, die Beiträge geliefert haben als auch denen, die ihm ihre Geschichte erzählt haben, herzlich. Es ist ein sensibler und liebevoller Umgang mit den italienischen Mitbürgern.

Bewegende, dankbare Momente aber auch Konflikte werden hier in einer dem Thema sehr angemessenen und guten Weise vorgetragen.

Ich bin überzeugt, dass dieses Buch Ihnen gefallen wird und sich der eine oder andere darin wiederfindet. Den italienischen Mitbürgerinnen und Mitbürgern aber auch den Heimkehrern, die dieses gute Stück der Weezer Geschichte lesen und sich der Geschehnisse erinnern, danke ich für ihren Mut und die Offenheit, hier in Weeze anzukommen. Den Weezern und allen Niederrheinern, die durch ihren Beitrag das Leben für unsere italienischen Freunde erleichtert haben, sei ebenso gedankt.

Gemeinsam um besser zu leben

Ihr

Bürgermeister

Care concittadine,
cari concittadini!

Da più di 50 anni molti di voi vivete a Weeze. Anche da altre nazioni, soprattutto inglesi, olandesi e polacchi hanno vissuto e vivono ancora tra noi. Coabitiamo in armonia ed è bene così.

Ci siamo rivolti agli amici italiani alla fine degli anni 50 e l'inizio degli anni 60 perché avevamo bisogno d'urgenza di manodopera e li abbiamo accolti come "Gastarbeiter".

Loro hanno affrontato un'impresa insolita ed incerta trovandosi in una nazione straniera per lavorare, guadagnare del denaro e assicurare il sostentamento alla propria famiglia. Alcuni son venuti qui per un breve periodo con il proposito di progredire nella loro posizione sociale e più tardi ritornare nella terra di provenienza.

Diverse lingue, culture, tradizioni e costumi di vita si sono incontrati. Gli abitanti di Weeze e gli italiani si sono avvicinati, accettati e, con rispetto e tolleranza, si sono messi in cammino.

Sotto diversi aspetti, come oggi sappiamo, è andato bene; Sotto altri, magari no.

Le famiglie italiane si sentano come se fossero a casa propria: matrimoni misti e amicizie da entrambi le parti non sono a Weeze una rarità ma oggi un fatto normale.

Per nostalgia o per mancanza di un buon inserimento molti sono ritornati nella loro patria. Una cosa è rimasta: i modi affettuosi e premurosi di queste persone e l'aver esperimentato il sacrificio che hanno dovuto affrontare lasciando i familiari per cercar altrove, in un futuro incerto, la loro felicità. Come stranieri, con molta fatica hanno dovuto inserirsi tra gli abitanti qui nativi.

Positivo è stato per gli abitanti di Weeze l'accoglimento dei nuovi arrivati. Hanno voluto conoscere la loro lingua, cultura, tradizione e si sono impegnati per rendere più comoda la loro permanenza apprestando aiuto in diverse occasioni.

La storia si ripete. Allora gli uomini sono partiti per trovare un'occupazione e nuove prospettive. Quasi dopo 60 anni in un'Europa pacifica dove godiamo per una fiorente economia, l'emigrazione continua. Ieri come oggi si nota la mancanza di operai e professionisti. Dobbiamo accogliere con un cordiale benvenuto chi viene, come noi lo stesso ci aspettiamo di essere accolti quando andiamo in vacanza o quando ci spostiamo, per motivi di lavoro, oltre i confini della nostra patria.

Rispetto, schiettezza e tolleranza per gli stranieri e per la loro cultura e costumi, sono virtù e bisogna viverle. Esse per di più arricchiscono la vita di ciascuno di noi.

Oggi nelle vostre mani avete il libro: "La storia degli italiani a Weeze – con gli amici in cammino".

In testi belli, qualche volta tristi ma soprattutto commoventi, con molte immagini, Vincenzo Sacco presenta questa parte della storia di Weeze sull'emigrazione degli italiani.

Ringrazio lui e quelli che hanno collaborato, quelli che hanno dato un contributo e quelli che hanno raccontato il loro vissuto. In modo convenevole e a fin di bene, con sensibilità e affettuosità vengono trattati momenti di riconoscenza ma anche conflitti. Sono certo che questo libro vi piacerà molto e ognuno di voi si ritroverà nella storia.

Ringrazio le concittadine e i concittadini per la loro spontaneità e il coraggio che li hanno portati qui a Weeze, tra di noi.

Ringrazio gli abitanti di Weeze e del Basso Reno che si sono impegnati per migliorare la vita dei nostri amici italiani.

- Insieme per vivere meglio -
Vostro

Sindaco

Zu Vincenzo Sacco –
Die Geschichte der Italiener in Weeze

Der Drang nach Süden erwies sich in der deutschen Geschichte immer wieder als unwiderstehlich. Bisweilen folgte man diesem Drang aus edlen Motiven, oft waren die Motive keineswegs edel. Süden bedeutete für die Deutschen vor allem Italien, und trotz aller Zeitläufe übt dieses Land auf uns bis heute eine nicht nachlassende Faszination aus.

Wenig Aufmerksamkeit hingegen fanden die Menschen, die den umgekehrten Weg einschlugen und aus dem Süden zu uns kamen, in der jüngsten Geschichte meist gedrängt von wirtschaftlicher Not.

Zahlreich sind Berichte über Erfahrungen deutscher Italienbesucher – ebenso zahlreich sind Studien über die Kultur und Geschichte dieses Landes. Unsere italienis chen Mitbürger in Deutschland und deren Herkunft treten dabei kaum in Erscheinung, schon gar nicht die Beweggründe, die sie zu unseren Mitbürgern werden ließen. Die Gründe, warum die erste Gruppe der bald Gastarbeiter genannten Mitbürger relativ wenig systematische Aufmerksamkeit fand, sind unterschiedlich. Die Italiener schienen sich meist mühelos zu integrieren. Sie waren uns im Alltag bald vertraut, nicht zuletzt als eine willkommene Bereicherung in der Gastronomie. Andere Probleme beschäftigten uns mehr und vielleicht fehlte es uns neuen Mitbürgern gegenüber auch einfach an der nötigen Sensibilität.

Der Beitrag von Vincenzo Sacco schließt, zumindest was die Italiener in Weeze angeht, eine Lücke. Darüber hinaus ist er ein bemerkenswerter Beitrag zum Thema interkulturelle Begegnung und eine Ermutigung für all diejenigen, denen ein erfolgreiches Gelingen dieser Begegnung ein Anliegen ist.

Vor uns liegt ein Buch, das auf mehreren Ebenen unterschiedliche Themen behandelt. Da ist zunächst ein Kapitel aus der Geschichte Weezes, veranschaulicht anhand der Geschichte der neuen Weezer Bürger aus Italien. Dargestellt werden die Gründe, die sie dazu bewogen, die schwere Reise in den ihnen fremden Norden anzutreten. Das lokale Kolorit ihrer alten Heimat wird dabei ebenso deutlich wie die Rahmenbedingungen des Ortes, der für viele eine neue Heimat werden sollte und es wird auch dargestellt, welchen Beitrag die neuen Bürger zur Entwicklung ihrer neuen Heimat leisteten. Bei all dem wird, gleichsam nebenbei, so manches Klischee korrigiert.

Über die Darstellung der historischen Entwicklung hinaus werden uns auf einer weiteren Ebene einfühlsam individuelle Schicksale nahegebracht. Das Schicksal von Menschen, die sich den Herausforderungen ihrer alten Heimat nicht mehr gewachsen fühlten und die sich in ihrer neuen Heimat vor all die Herausforderungen gestellt sehen, die das Zusammentreffen einander zunächst unvertrauter Kulturen mit sich bringt. Von menschlichen Begegnungen ist die Rede, von Erwartungen, die in Erfüllung gingen oder scheiterten – und das durchaus auf beiden Seiten, auf der deutschen ebenso wie auf der italienischen.

Eingebettet werden die menschlichen Schicksale und die Entwicklung der Migration in den weiteren historischen Kontext der europäischen Geschichte des 19. und 20. Jahrhunderts. Insbesondere für den deutschen Leser dürfte es überraschend sein zu erfahren, in welchem Umfang die italienische Einigung im 19. Jahrhundert und die italienische Innenpolitik des 20. Jahrhunderts Auswirkungen auf die Entscheidungen von Bewohnern des italienischen Südens hatten, ihre Heimat zu verlassen. Die Frage drängt sich auf, wie frei diese Menschen angesichts solcher Rahmenbedingungen in ihren Entscheidungen eigentlich waren. Deutlich wird zudem, dass der wirtschaftliche Gewinn der einen häufig zum wirtschaftlichen Niedergang der anderen beitrug.

Letztlich und vor allen Dingen: Die Geschichte der Italiener in Weeze ist ein Beispiel dafür, dass die erfolgreiche Begegnung von Menschen unterschiedlicher Kulturen nicht nur möglich ist. Sie ist ein eindringlicher Appell, diese möglich zu machen.

Möglich gemacht werden muss sie nicht nur zur Sicherung eines friedlichen Zusammenlebens und zur kulturellen Bereicherung. Möglich gemacht werden muss sie vor allem zur eigenen Vervollkommnung. Gesellschaften bedürfen des kulturellen Austauschs – ohne ihn stagnieren sie und bleiben unvollkommen. Hier greift der Autor ein Thema auf von höchst aktuellem Belang.

Die Geschichte der Italiener in Weeze ist weder eine akademische Analyse noch eine fiktionale Darstellung. Vor uns liegt ein eigenständiges Genre. Statt einer historischen Abhandlung oder einer nüchternen soziologischen Analyse wird uns eine einfühlsame Annäherung an ein Thema unserer Zeitgeschichte geboten, in bisweilen literarischer Diktion, eine Annäherung, die uns Hinweise auf Wege gibt, wie ein Zusammenleben fruchtbar werden und gelingen kann.

Ermöglicht wird diese Annäherung durch den multi-perspektivischen Blick des Autors auf sein Thema sowie die Verwendung unterschiedlicher methodischer Zugänge.

In den Blick des Lesers gelangen die Auswanderungswilligen und die Daheimbleibenden, die in Deutschland Ankommenden und gelegentlich zunächst Herumirrenden, die im Laufe der Zeit Arrivierten und diejenigen, die letztlich doch nicht ankommen. In den Blick des Lesers kommen auch die Deutschen – als Mitbürger, als Anwerber in Italien, als Arbeitskollegen, als Partner oder als in Beziehungen Enttäuschte.

Orientiert an dem Ansatz der „oral history" kommen Zeitzeugen zu Wort und berichten von ihren unterschiedlichen Schicksalen. Sie sind bereit sich zu öffnen, weil der Autor ihr Vertrauen gewonnen hat und mit diesem diskret und einfühlsam umgeht. Darüber hinaus vermag sich der Autor selber überzeugend in unterschiedlichen Rollen zu bewegen. In der Rolle des vertrauenswürdigen Gesprächspartners, der des distanzierten Beobachters, des historisch versierten Analytikers und der des selbst Handelnden. Die so erzielte Authentizität ermöglicht uns Einblicke in das Thema, die weit über das empirisch statistisch Belegbare hinausgehen.

Kundig und treffend werden diese Zeitzeugnisse in den jeweiligen historischen Kontext eingeordnet und gewinnen so eine allgemeinere Bedeutung. Die Erläuterung dieser Kontexte macht uns die Schicksale der Betroffenen über das Einzelschicksal hinaus verständlich. Die Einbettung in den historischen Kontext und in die sozialen Rahmenbedingungen entheben die Einzelschicksale des Eindrucks des rein Zufälligen und des Beliebigen.

Begleitet werden die Aussagen der Zeitzeugen und ihre historische Einbettung von nachdenklichen und anregenden Reflexionen. Geprägt von der Tradition klassischer Bildung und inspiriert vom europäischen Humanismus bewertet der Autor Entwicklungen und ordnet sie ein, ermuntert zu weiterem Nachdenken und vermittelt Zuversicht.

Die Geschichte der Italiener in Weeze ist alles in allem eine Erfolgsgeschichte. Zu ihrem Erfolg haben viele beigetragen, Einzelpersonen und Institutionen. Die Bedeutung des Vereins Amicizia und die der Gemeinde Weeze sind hier ganz besonders hervorzuheben. Dieses Buch ist ein erfreulicher Kontrast zu dem gelegentlich zu beobachtenden Pessimismus hinsichtlich des Erfolges kultureller Begegnung, oder noch schlimmer, der Gleichgültigkeit diesem Thema gegenüber.

Das Buch von Vincenzo Sacco informiert, es regt an und weist über den Tag hinaus. Nicht zuletzt dank der kongenialen Übertragung des Textes ins Deutsche von Marita Sacco ist die Lektüre dieses Buches auch ein Vergnügen, das vielen Lesern zu wünschen ist.

Hans-Georg Steiffert

Goch, im Januar 2014

Dank

Es war für mich eine Freude, mich mit meinen Landsleuten und meinen deutschen Freunden zu treffen, ihre
Geschichte zu hören und dass sie mir durch ihre Erzählungen ihr Vertrauen geschenkt haben, das über das
Niedergeschriebene hinausgeht. Durch ihre Offenheit
konnte dieses Buch geschrieben werden. Dafür möchte
ich Dank aussprechen.

Ein besonderer Dank geht an meine Frau Marita, die
mich beim Verfassen des Textes unterstützt hat.

Ein Riesendank richtet sich an meine Kinder Teresa und Elisa für ihre kritische Stellungnahme, auf die ich mich stets verlassen konnte.

Ich danke meiner Enkelin Cosima, die mir gespannt zuhörte, wenn ich ihr
in Auszügen aus meiner Niederschrift berichtete und mich immer wieder aufforderte, ihr die Geschichte ein weiteres Mal zu erzählen.

Herzlichen Dank an Herrn Hans-Georg Steiffert, der die Rezension schrieb,
nachdem er mit Begeisterung die Geschichte gelesen hat und mir beratend
zur Seite stand.

Ich bedanke mich bei Uwe van Stephoudt, der die Gestaltung der Seiten
übernommen hat.

Zu guter Letzt danke ich dem Bürgermeister der Gemeinde Weeze, Herrn
Ulrich Francken, und der Verwaltung für die gute Zusammenarbeit.

Dem Buch liegen meine Schriften zugrunde aus den Weezer Heimatbü-
chern:

Weezer Geschichte
Altes und Neues aus der Heimat
Jahrbuch 2001
Die ersten italienischen Arbeitskräfte in Weeze
„Fern der Heimat, um Träume zu verwirklichen"

Jahrbuch 2012
Ricordi – Erinnerungen
„50 Jahre Italiener in Weeze"

aus dem Geldrischen Heimatkalender herausgegeben vom Historischen
Verein für Geldern und Umgegend:

Jahrbuch 1990
„Kultur ist das eigentliche Leben" –

Zu den Ausstellungen des Malers Giorgio Rocca in Weeze
Jahrbuch 2001
„Das Sich-Wohlbefinden unter Freunden bleibt ein Ereignis"
Rückblick auf die Aktivitäten des „Circolo Amicizia" in Weeze

Jahrbuch 2002
„Nudeln, Kartoffeln und ein Hauch von Tabak."
Die ersten Italiener kommen nach Weeze

Jahrbuch 2003
„Ein Traum von Deutschland führte nach Weeze"
aus den Erinnerungen des Franco Battolini

Jahrbuch 2005
„Freunde, wo bitte geht's zum Paradies?" Oder wie Pasquale Baratto und
Laura Albaceli in Weeze ihre Visionen Wirklichkeit werden ließen.

„Incontri" Festschrift zur Weezer Kirmes 1992
Herausgegeben von Vincenzo Sacco

Zusätzlich habe ich gelegentlich einen Artikel der Rheinischen Post, der
NRZ, den Niederrhein Nachrichten, dem Gocher Wochenblatt und den ehemaligen Weezer Uedemer Nachrichten entnommen.

Erweitert wurde diese Schrift durch die Erzählungen meiner Landsleute
und der deutschen Mitbürger, die freundlicherweise und mit sehr viel Geduld
Auskunft gaben. Zahlreiche Fotos mit hohem Erinnerungswert haben sie
dankenswerterweise als Ergänzung zum geschriebenen Wort zur Verfügung
gestellt.

Es wird an dieser Stelle betont, dass es für mich nicht entscheidend ist,
lückenlos alles festgehalten zu haben – die Bedeutung eines jeden einzelnen
Beitrags, der mir voller Vertrauen übermittelt wurde, war mir wichtig. Und
ich werde die Darlegungen hiermit in Auszügen an die Öffentlichkeit weitergeben.

I. Von den Anfängen

„Es steht mir zwar nicht zu", erwiderte ich, „und ich bitte Sie, mir zu verzeihen, Exzellenz, aber ich möchte Sie daran erinnern, dass die Schätze an Nächstenliebe, christlicher Barmherzigkeit, brüderlicher Solidarität, an Hilfe und Güte, die man diesem Bauernvolk zukommen lassen will, niemals genügen, so wertvoll sie auch sein mögen. So groß waren Unrecht und Gewalt, die es Jahrhunderte hindurch von den zivilen und militärischen und, gestatten Sie mir es auszusprechen, auch von den kirchlichen Instanzen erdulden musste. Glauben Sie mir Exzellenz, was auch immer man unternimmt, es wird nicht ausreichen!"
Der Erzbischof nickte zustimmend und sagte: „Das ist wahr, Doktor, das ist wahr."
Carlo Levi – Worte sind Steine[1]

Nach der Einheit Italiens (1871) bewirkte der starke Kontrast zwischen dem Norden Italiens mit seiner aufblühenden Industrie gegenüber dem Süden des Landes, in dem die Landwirtschaft äußerst rückständig mit einfachsten Geräten oder in Handarbeit betrieben wurde, dass viele Menschen sich gezwungen sahen, für den Erwerb des Lebensunterhalts zu emigrieren.

Makler und Vermittler versprachen den Bauern und Tagelöhnern in der Neuen Welt ausreichend Arbeit und einen guten Verdienst: Reichtum wurde in Aussicht gestellt. Angelockt durch derartige Versprechen verkauften die Ersten das Wenige, das sie besaßen: ein Stück Land, einige Tiere, um einen Platz für sich und die Familie auf dem Schiff zu erkämpfen. Sie hofften, neue Möglichkeiten zu finden, um dem entbehrungsreichen Dasein zu entfliehen, zumindest sollte es gelindert werden.

Die Rimessen der Emigranten wurden bestens in die Weiterentwicklung der Industrien investiert. Zur Zeit des Faschismus wurde die Emigration nach Deutschland und Afrika unterstützt. Die „Fremdarbeiter" fanden Beschäftigung in den Fabriken und auf den Baustellen.

Als der 2. Weltkrieg zu Ende ging, waren die Bauern, die Tagelöhner – diejenigen, die ohne Besitz dastanden – bereit, die Latifundien der Großgrundbesitzer zu besetzen. Sie begannen, die unkultivierten Parzellen von Steinen, Sträuchern und Unkraut zu befreien, um sie zu bewirtschaften. Ihr Ziel war es, mit gutem Willen und harter Arbeit den Boden in fruchtbares Land zu verwandeln und die Sumpfgebiete trocken zu legen, denn die Malaria stellte noch immer eine unausweichliche Gefahr für die Menschen dar.

Sie lebten in Höhlen, elenden Behausungen und nahmen dieses Los auf sich, um zumindest den Hunger der Kinder zu stillen. In der Bearbeitung der eingenommenen Felder sahen sie keine Rechtswidrigkeit. Die Schnelltruppen

---

1 Original *Le parole sono pietre,* 1955, Deutsch: *Worte sind Steine*, München (dtv) 1983, Seite 128

der Polizei schafften mit ihren Maschinengewehren erbarmungslos Ordnung. Während dieser Auseinandersetzungen war die Regierung nicht in der Lage, Sozialreformen als Lösung anzubieten.

Weitere Demonstrationen und der Zulauf zur Kommunistischen Partei und daraus folgend die Vergrößerung der Linken erregten Aufmerksamkeit und stellten für manche eine Bedrohung dar.

Die Ortsgruppen der KPI wurden zahlreicher, viele schwenkten die rote Fahne mit Hammer und Sichel. Demonstrationen, die die Portraits von Marx und Engels, Lenin, Stalin, Gramsci und später Palmiro Togliatti durch die Straßen mit sich führten, waren an der Tagesordnung. Die Sozialisten warben mit Giacomo Matteotti, der während des Faschismus von Mussolini und seinen „Camicie Nere" ermordet wurde. Wollten wir mehr über diese Persönlichkeiten erfahren, die in den Räumlichkeiten der Ortsgruppen abgebildet waren, wussten noch nicht einmal die Führungen der örtlichen Parteien, die vorneweg marschierten, für welche Ideen sie standen. Meist lautete die Antwort: „Du bist noch zu klein, um das zu verstehen. Geh spielen, du Lausebengel!"

Als am 22.12.1955 in Rom die Anwerbeabkommen zwischen Italien und Deutschland beschlossen wurden, sahen viele Politiker darin einen Akt der Rettung: Die Emigration sollte erneut gut geheißen werden. Eine deutsche Kommission richtete sich in Verona, später auch in Neapel ein. Die Unternehmer aus Deutschland hätten gerne die qualifizierten Kräfte aus dem Norden eingestellt. Es kam jedoch anders. Stattdessen brachten die Züge ungelernte Arbeiter aus dem Süden nach Frankreich, Belgien, Deutschland sowie in die Großstädte des italienischen Nordens. Luchino Visconti verdeutlicht in dem Film „Rocco und seine Brüder" die neu entstandenen Probleme innerhalb der Familien und der Umgebung, in der sie gezwungen waren zu leben: an der Peripherie, wo sie zurückgezogen in Armut hausten, missverstanden und ausgenutzt. Den Gastarbeitern im Ausland erging es nicht besser. Sie sollten für ein Jahr arbeiten, Geld erwirtschaften und mit ihrem Verdienst in die Orte des Südens heimkehren. Sie waren „Gäste" und konnten also nur für eine begrenzte Zeit bleiben. Sie lebten in Wohnheimen, in Baracken, in deren Zimmern Etagenbetten für bis zu acht Personen bereitstanden. Ihnen wurden anspruchslose, eintönige Beschäftigungen zugewiesen, meist im Akkord. Die zahlreichen Überstunden ermöglichten es, den kargen Lohn auf diese Weise zu verbessern. Nach Abzug der Unkosten für Unterkunft und dergleichen wurde der Rest des Geldes regelmäßig nach Hause zu den Familien geschickt.

Wenn wir bedenken, dass einige hundert Jahre zuvor – während des Mittelalters – Kaufleute, Künstler und Handwerker die Alpen überquerten, um bei Herzögen, Grafen, Königen und Kaisern, Bischöfen und Kardinälen tätig zu sein, und für ihre Dienste, Kenntnisse und Fertigkeiten fürstlich entlohnt wurden, dann stellt dies keinen Vergleich dar zu den körperlichen Anstrengungen der Nachfahren, die sich mit einem geringen Entgelt zufrieden geben mussten, um für das tägliche Brot zu sorgen.

Am Anfang ist die Beziehung,
Beziehung ist Gegenseitigkeit.
Alles wirkliche Leben ist Begegnung.

Martin Buber

II. Zwangsarbeiter

2010 – es war am Volkstrauertag. Nach der Zeremonie in der Kirche St. Cyriakus fand im Schloss Wissen ein Zusammentreffen von geladenen Gästen statt.

Dort, in den großen warmen Sälen gab es die angenehme Möglichkeit, Meinungen und Ansichten auszutauschen. So kam ich mit Frau Elisabeth Francken ins Gespräch, und als ich mich mit ihr über die italienischen Mitbürger in Weeze austauschte, gab sie die überraschende Auskunft, dass sie aus Erzählungen innerhalb der Familie wusste, dass schon vor dem 2. Weltkrieg auf dem elterlichen Hof – Schaddenhof – Arbeiter aus Italien tätig gewesen waren. Meine Neugier war geweckt und motivierte mich, neue Erkenntnisse in dieser Sache zu finden.

So lernten meine Frau und ich in einer gemütlichen Atmosphäre Frau Eleonore Opgenhoff und ihren Sohn Klaus auf ihrem Hof kennen. Sie erinnerte sich: Als der Vater gestorben war und 1943 Arbeitskräfte auf dem Hof dringend gesucht wurden, wandte sich die Mutter an den Verwalter. Es war bekannt, dass Arbeiter aus anderen Ländern zur Unterstützung in der Landwirtschaft eingestellt werden konnten. Auch der Industrie, vor allem der Kriegsindustrie, wurden sie zugewiesen. Viele Italiener, Männer wie Frauen, kamen auf diese Weise auf freiwilliger Basis nach Deutschland. Nach dem 8.9.1943, als zwischen Italien unter Marschall Pietro Badoglio und den Alliierten der Waffenstillstand unterzeichnet worden war, änderte sich die Situation – aus Freunden wurden Feinde. Italienisches Militär und Italiener in Deutschland wurden zu Kriegsgefangenen erklärt und in dieser Zeit zur Zwangsarbeit abkommandiert, da in Deutschland männliche Arbeitskräfte nicht vorhanden waren.

„Geh und suche für uns jemanden, der uns bei der schweren Arbeit hilft, bring jemanden mit, der arbeiten kann!", lautete der Auftrag an den Verwalter.

Dieser brachte Arturo Bottollo zu uns auf den Hof. Arturo war ausgehungert, abgemagert bis auf die Knochen und schlecht gekleidet. Sein jugendliches Alter war ihm nicht anzusehen. Er war als Zwangsarbeiter aus dem Ruhrgebiet an uns vermittelt worden. Ob er als Soldat oder als Arbeiter nach Deutschland gekommen war, wussten wir nicht. Unsere Mutter gab ihm zunächst einmal reichlich zu essen von allem, was uns zur Verfügung stand, denn bevor er anfangen sollte zu arbeiten, musste er erst einmal auf die Beine kommen. Doch Arturo fühlte sich nur noch schlechter, der Körper behielt nichts bei sich. Er bekam Durchfall. Ein Arzt wurde zu Rate gezogen: Zunächst einmal

musste sich das Essen ändern, er bekam leichte Kost, Tee und Zwieback. Nach einiger Zeit ging es ihm besser, und er wurde auf normale Kost eingestellt.

Gemeinsam mit den anderen Knechten und Mägden wohnte er in einem Zimmer über der Waschküche. An einem Abend, als wir alle zusammen saßen, zeigte er uns im Atlas, wo seine Heimat lag – er war in Ventimiglia geboren.

Nachdem er wieder zu Kräften gekommen war, verrichtete er alle Arbeiten, die von ihm verlangt wurden: Er mistete die Ställe aus, fütterte die Tiere. Das Wohlergehen der Tiere war für die Bauern sehr wichtig, in deren Pflege investierten sie eine Menge Zeit. Zu ihren Tieren unterhielten sie eine besondere Beziehung – so wurde jede Kuh und jedes Schwein beim Namen genannt. Als der Frühling begann, wurde Arturo zur Feldarbeit eingesetzt. Irgendwie gelang uns die sprachliche Verständigung. Er war zufrieden. In der Freizeit saß er mit allen Familienmitgliedern und dem übrigen Personal in der Küche zusammen am Tisch. Der Herd spendete Wärme, und es wurde viel erzählt. Auch zu den Mahlzeiten trafen wir uns gemeinsam an diesem Tisch.

Als im Herbst 1944 die Ausländer Deutschland verließen, brachte ich ihn zu einer Sammelstelle nach Weeze. Die Mutter hatte ihm ausreichend Proviant für die Reise mitgegeben. Unterwegs bedankte er sich immer wieder für die glückliche Zeit, die er mit der Familie verbracht hatte, für die Verpflegung und für die angenehme Atmosphäre, die er zwischen den Menschen auf dem Bauernhof erlebt hatte.

In dem Buch „Zwangsarbeiter" von Bernhard Frings und Peter Siere[2] wird berichtet:

Eleonore Hoffmanns, Katherinchen, Änne Dicks, Eberhard, Wilhelm, Eleonore

---

2 Frings, Bernhard; Sieve, Peter: Zwangsarbeiter im Bistum Münster – Kirchliches Handeln im Spannungsfeld von Arbeitseinsatz, Seelsorge und Krankenpflege, Münster (Diogenes Verlag) 2003, Seite 22

„Ende Mai 1944 wurden dann dem St. Petrusheim anstelle der Ukrainer-Landhilfe 21 italienische Kriegsgefangene zugewiesen, die neben einigen noch verbliebenen Ostarbeitern die Hauptlast der noch anstehenden Erntearbeiten getragen haben."

„Im Herbst 1944 rückte die Front von den Niederlanden her auf das St. Petrusheim immer näher. Wie schon zu Kriegsbeginn wurden die Gebäude der Arbeiterkolonie mehrfach für verschiedene Einquartierungen herangezogen. ... Als diese weiter zogen, wurden ihnen die in Petrusheim beschäftigten italienischen Kriegsgefangenen angegliedert."

Wo die Gesellschaft zweifelhaft geworden
tauchte gleichzeitig mit dem Wunschbild Einsamkeit
das der Freundschaft auf.

Ernst Bloch

III. Die ersten „Gastarbeiter" unterstützen Weezer Landwirte

Fast 10 Jahre später erinnert sich der damals 15 jährige Reinhard Anhut in seinen während der Zeit zwischen 1955 und 1957 aufgezeichneten Erinnerungen:

Ich lebte in der elterlichen Bauernsiedlung auf Knappheide. Dort befand sich auch der Hof der Eheleute Kolberg, sie waren kinderlos und stammten wie mein Vater aus Ostpreußen. Ihnen war aus Italien ein junger Mann, Gregorio, als Hilfskraft zugewiesen worden. Er erhielt von ihnen Unterkunft und Ernährung. Die festen Abgaben entrichtete der Arbeitgeber, und so konnte Gregorio sein verbleibendes Nettogehalt von 270,- DM seiner Familie nach Reggio Calabria schicken.

Auf dem Hof Kolberg wurde zu dieser Zeit noch mit Pferdestärken gearbeitet, die den schweren Pflug zogen. Mein Vater leistete sich erst im Jahr 1957 einen Trecker, einen 22PS „Normag" Baujahr 1946.

Während dieser Zeit lebten in Weeze zwei weitere Italiener:

Geschwister Anhut: Renate, Reinhard und Inge

- Rocco Lorento aus Bivongi in Kalabrien, der für die Familie Opgenorth in Oberhelsum arbeitete, Helmut Hartmann war der Nachbar. (In der Gegend zwischen Bivongi und Stilo wurde Otto II von Sachsen von den Truppen der Sarazenen und Byzantiner am 13. Juli 982 geschlagen.)
- Francesco (der Nachnahme ist entfallen) war bei der Familie Johannes Hartjes auf Vorselaer untergebracht. Die Schwiegermutter des heutigen Weezer Bürgermeisters war zu dieser Zeit als „Lehrmädchen" auf dem Hof.

„Wenn Francesco nach einem Urlaub in der Heimat wieder nach Deutschland zurückkehrte, hatte er Oliven mitgebracht, die seine Familie im November für das kommende Frühjahr eingelegt hatte. Voller Freude bot er sie uns an. Dankend kosteten

wir den fremdartigen Geschmack. Ich mochte sie nicht. Während meine Mutter wie immer für alle Nudeln mit Milch zubereitete, träumte er von einer sizilianischen selbstgemachten Pasta con sugo di pomodori." (So erinnert sich Gerda Koenen geb. Hartjes.)

Diese drei Italiener – natürlich assoziiert der Begriff schnell den später populär gewordenen Schlager mit ähnlichem Titel – hatten sich ältere Fahrräder besorgt. Sie trafen sich nach Feierabend, erkundeten den Niederrhein. Die Eintönigkeit der Landschaft lässt viel Freiraum für eigene Gedanken und macht nachdenklich, vielleicht auch melancholisch. Doch an den langen Sommerabenden trafen wir uns draußen vor den breitstämmigen Buchen. Gegen das aufkommende Heimweh half dann Gregorios Quetschkasten (ein Akkordeon), dem er einfache Melodien entlockte. Wir Jungs aus der Nachbarschaft gesellten uns zu ihnen, nahmen auf den selbst gebastelten Bänken Platz und lauschten ihren Liedern. Die Melodien klangen ein wenig schwermütig, voller Sehnsucht nach den fernen Familien. Auch wenn wir den Text nicht verstanden, summten wir nach einiger Zeit die stets sich wiederholenden Zeilen mit.

Meine Tante – die Schwester meines Vaters, die für mich eine gute Ersatzmutter war, da meine Mutter den 2. Weltkrieg nicht überlebt hatte – brachte

Familie Hartjes: Hildegard, Lisbet (Mutter), Elisabeth, Resi, Gerda, Johann (Vater), vorne sitzend: Oma Liberts, Kinder: Margret, Johannes, Maria, Clemens, rechts außen: italienischer Gastarbeiter Francesco

uns zu diesen Gelegenheiten eine große Flasche selbst gemachten Saft und manchmal einen frisch gebackenen Streuselkuchen, der noch warm aus dem Ofen serviert wurde.

In dieser stimmungsvollen Umgebung verbrachten wir gemeinsam viele Abendstunden, und wenn im September bei Einbruch der Dämmerung die ersten Nebel aufstiegen, zündeten wir aus trockenem Laub und kleinen Ästen ein wärmendes Feuer an. Mit der Zeit wurden die drei zu einem Teil unserer Familien.

Nach zwei Jahren fuhren die Italiener zurück in ihre Heimat.

Es heißt, dass Gregorio später nach Düsseldorf zog und dort heiratete. Von da an sind seine Spuren verloren gegangen.

Heute ist der Hof Kolberg als Altenteil für meine Frau Johanna und mich eingerichtet.

Gott schmeckt sich selbst in allen Dingen
Meister Eckarth

IV. La grande polifonia della vita

Italien – Land der Gegensätze: Abwechslungsreich gestalten sich seine Land-schaften aufgrund seiner besonderen Lage innerhalb des europäischen Konti-nents: Von schneebedeckten Bergen im Norden reichen sie bis zur sonnenver-wöhnten Südspitze, dem Mare Africano zugewandt, karge Hügellandschaften, denen die Sonne jegliches Wasser entzogen hat, bieten sich im Inneren ebenso dar wie die wasserdurchzogenen Niederungen am Po. Zerfallende menschen-leere Bergdörfer kontrastieren mit den pulsierenden Einkaufsstraßen in den geschichtsträchtigen Großstädten mit ihrer beeindruckenden Architektur.

Ebenso liest sich die Geschichte dieses Landes wie ein bunter abwechs-lungsreicher Roman, der alle Facetten von Entwicklungen tragischer, freudi-ger, auf jeden Fall folgenschwerer Art beinhaltet.

Die Geschichte der Italiener niederzuschreiben, stellt aufgrund ihrer Viel-fältigkeit eine Herausforderung dar. Hier ist sie allerdings eingeschränkt auf einen kleinen Ort – Weeze – und eine begrenzte Zeit – 50 Jahre-. Eine Her-ausforderung jedoch auf jeden Fall, da wir als Verfasser nicht von Anfang an am Erlebten teilhaben konnten, zum andern auch, da die Protagonisten nur zögernd ihre Erlebnisse preisgaben, denn für so bedeutend, dass ihr Leben für andere nachlesbar niedergeschrieben werden sollte, hielten sie diese nicht. Und doch stellt jede Lebensgeschichte einen kleinen Mosaikstein dar, der sich gemeinsam mit unendlich vielen anderen zu einem bunten Bild der Geschichte von Menschen zusammensetzt, die sich auf den Weg machten in eine unbekannte Ferne. Ihre Gedanken, Eindrücke, Erinnerungen sollen stellvertretend für viele andere auf den folgenden Seiten das Leben in seinem großen Reichtum dokumentieren. Oder um mit den Worten von Riccardo Muti zu sprechen, es entwickelt sich „la grande polifonia" des Lebens, die die Unterschiede hervorhebt, sogar verlangt und uns letztendlich alle zum mäch-tigen Gleichklang vereint.

Fangen wir mit dem Wesentlichen an: Mit der Sehnsucht nach Sonne.

Mit ihrer Abwesenheit hatte niemand gerechnet, der den ereignisreichen Weg ins ferne Deutschland antrat, um sich dem Unbekannten, der Verlo-ckung nach einem besseren Verdienst auszusetzen.

Nicht die Tatsachen selbst machen das Leben schwer,
sondern unsere Bewertung der Tatsachen.

Epiktet

V. Die Italiener erobern Weeze

Es dauerte wie sooft eine kleine Ewigkeit bis der Bus laut knatternd und in einer Wolke aus Rauch und Benzinduft endlich aber dennoch pünktlich nach englischer Manier startete. Zu den Fahrgästen zählten wie immer zahlreiche Soldaten, deren Dienst für diesen Tag beendet war. An jenem frühen Sonntagnachmittag im Juli machte sich Franco Mari gemeinsam mit ihnen nach einer arbeitsreichen Nacht frisch ausgeschlafen am späten Morgen von Laarbruch aus auf den Weg ins Zentrum von Weeze. Interessant war für ihn die Anstellung im Offizierskasino der Engländer, die nach getaner Arbeit heiter auf die englische Art ihren Drink verlangten. Und Franco hatte sie alle zuvorkommend und mit italienischer Nonchalance zufriedenstellend bedient. Jetzt suchte er ein wenig Abwechslung im stets gleichen Tagesablauf, und die erhoffte er im Ort zu finden. Die flirrenden Strahlen der Sonne erwärmten ihn und zwangen ihn, die Augen zu schließen, das sanfte Schaukeln des alten schnaufenden Busses und der stete Wechsel der Landschaft taten ein Übriges und schon bald verschwammen die Waldstriche niederrheinischer Art zu den Pinienwäldern in der Umgebung von Florenz. Bei der nahe gelegenen Hügellandschaft beschien die Sonne die Zypressen mal als Solitäre mal als Prozession angeordnet, tausendmal bewundert, immer noch zum Träumen schön – die Toskana, seine Heimat, die er vor zwei Jahren verlassen hatte. Dort hatte er sich entschlossen, seinen Wehrdienst in Italien nicht anzutreten und für den Zeitraum von acht Jahren ins Ausland zu gehen. Von Florenz aus begab er sich nach Verona, um ärztlich untersucht zu werden und meldete sich für eine Anstellung zum Keramiker. Diesen Beruf hatte er erlernt. Da er in diesem Bereich nicht vermittelt werden konnte, entschloss er sich, auf eigene Initiative per Autostop nach Deutschland zu reisen.

Zunächst kam er nach Darmstadt, wo er in einer Autobahnraststätte in der Küche arbeitete. Er hatte gute Kontakte zu seinen deutschen Kollegen und gemeinsam verbrachten sie ihre freie Zeit in den Lokalen und Cafes der Umgebung. Dort lernte er die ersten deutschen Worte und den Umgang mit Geld, sodass er nicht mehr gezwungen war, dem Kellner das Portemonnaie hinzuhalten, um den geforderten Geldbetrag selbst zu entnehmen. Nach einer kurzen Zeit des Eingewöhnens entschloss er sich zu einem Klimawechsel: Zürich war die nächste Station seiner Reise. Wieder arbeitete er in einem Restaurant. Bald schon trat er die Heimreise nach Italien an, um sich nach einigen Wochen der Entspannung erneut auf den Weg nach Deutschland zu machen. Über Frankfurt gelangte er nach einem kurzen Zwischenaufenthalt

Beate und Franco Mari

nach Iserlohn und fand eine Anstellung in einer Eisdiele. Dort lernte er einen jungen Mann kennen, der ihn überredete, nach Laarbruch zu fahren. Diesmal brachte ihn der Zug ans Ziel.

Als er im August 1960 den Bahnhof verließ (Giovanni Gronchi eröffnete zu diesem Zeitpunkt die XVII. Olympiade in Rom) und in den Ort hineinging – ruhig und fern jeder Hektik – beschloss er, gleich wieder wegzufahren. Leider war er aufgrund seiner Sprachkenntnisse nicht in der Lage, den Fahrplan zu lesen und sah sich gezwungen, den Weg nach Laarbruch einzuschlagen. Dort begann er als Tellerwäscher in der Küche, und als er einige Worte Englisch sprach, wurde er zum Kellner und schließlich zum Barkeeper im Offizierskasino befördert.

Zu den Engländern hatte er ein gutes Verhältnis, sie zeigten ihm gegenüber große Sympathie und luden ihn sogar ein, ihnen in England einen Besuch abzustatten.

Gelegentlich suchte er in seiner Freizeit im Ort die Eisdiele auf, um die Nostalgie zu überbrücken.

In Weeze wollte er allerdings nicht bleiben, Amsterdam lockte. Auf einem der großen Dampfer hoffte er, eine Anstellung zu bekommen. Man riet ihm

jedoch, noch ein weiteres Jahr in Laarbruch zu bleiben, um die Englischkenntnisse zu erweitern, sodass er sich um die Stelle eines Stewards bewerben
konnte.

Derart in Gedanken versunken hätte die Fahrt für ihn noch andauern
können, doch abrupt wurde er aus seinen Träumen gerissen, als der alters-
schwache Bus ruckartig die Gleisanlage vor dem Bahnhof überquerte, um
gleich im Anschluss daran seine Fahrgäste an der Haltestelle „Bahnhof"
zu entlassen. Franco schlenderte am „Hotel Jägerhof" vorbei. Fast wäre er
mit einem jungen Mann zusammengestoßen, der aufgeregt dem Eingang
des nahegelegenen Krankenhauses zustürmte. Hinter der Schule erreichte
er das Rathaus. Sein Blick fiel auf die charakteristische Uhr. Noch hatte er
einen ganzen Nachmittag Zeit. Die Kirchturmuhr am kürzlich wieder her-
gerichteten Kirchturm bestätigte die Aussage der Rathausuhr. Nur wenige
Häuser hinter der Kirche war das Café von Pasquale Baratto, der ihn mit
italienischem Temperament empfing. Endlich sprach ihn jemand in seiner
Heimatsprache an!

![Pasquale Baratto, Vincenzo Virgillito und Antonino Sinatra]

Pasquale Baratto, Vincenzo Virgillito und Antonino Sinatra

Antonio Blandamuro, Giuseppe Albaceli

Natürlich hatte Pasquale Baratto eine kurzfristige Anstellung für ihn in seinen neu eingerichteten Räumlichkeiten.

Vor dieser Neugründung stand für ihn eine lange Zugreise von Neapel aus über Wien nach Dortmund an. Dort gab es Stahlwerke, Kohlegruben, Schnee und Nieselregen genug; die fehlenden Gelaterien und Pizzerien waren leicht zu ersetzen, dachte er bei sich und eröffnete 1959 in Essen ein Eislokal „San Remo" und die erste Pizzeria der Stadt. Zu dieser Zeit waren den Deutschen die typischen und heute beliebten italienischen Spezialitäten nicht bekannt und schon nach sechs Monaten wurde das Lokal wieder geschlossen.

Pasquale Baratto hatte in der Zwischenzeit geheiratet und wollte mit seiner Frau Christel zurück in den Süden. Zuvor stattete er einem Freund in Emmerich einen Abschiedsbesuch ab. Dieser führte dort eine luxuriöse Gelateria an der Promenade und überredete seinen verzweifelten Landsmann, sein Glück noch einmal am Niederrhein zu versuchen, denn ein wirklicher Geschäftsmann sollte nicht so leicht aufgeben, sondern stets bemüht sein, trotz der Misserfolge einen Neuanfang zu wagen.

Das sagte sich auch Pasquale Baratto, zog Erkundigungen ein, durchquerte den Kreis Kleve von Norden nach Süden und entschloss sich, in Weeze an der Wasserstraße 36 eine Gelateria zu eröffnen. An diesem Standort war die Konkurrenz weit entfernt, und neben Deutschen ließen die Engländer vom nahe gelegenen Flughafen sowie die Niederländer gleich hinter der Grenze auf Kundschaft hoffen.

Im März 1961 begann der Besitzer, die Räumlichkeiten zu renovieren. Herr Baratto selbst bezog zunächst eine kleine Pension in der Nähe. Nachdem sie die erste Neugier überwunden und von seinen Plänen erfahren hatten, ermutigten ihn seine Nachbarn in der Wasserstraße durchzuhalten. Er kann bestätigen, dass die Weezer Bürger sich zunächst allem Fremden und allen Fremden gegenüber distanziert verhielten. Aber schon nach einem ersten Kennenlernen waren sie davon überzeugt, dass italienisches Eis an warmen Tagen durchaus eine angenehme Erfrischung ist. Auf diese Weise ermuntert, wurde die Eisdiele endlich eröffnet. Die ersten Tage verliefen mehr als schlecht. Mit der Zeit – wobei die steigenden Temperaturen ihr Bestes taten – fanden immer mehr Menschen, vor allem Kinder und Jugendliche, aber auch ältere Leute und Bauern mit erdverkrusteten Stiefeln den Weg in sein Lokal, um sich mit einem Cornetto voller Vanille- oder Erdbeereis zu erfrischen.

Als die Wohnung über der Eisdiele frei wurde, konnte auch seine Familie nach Weeze übersiedeln, obwohl es seiner Frau schwer fiel, sich eine Eingliederung ins ländliche Leben der Gemeinde vorzustellen.

Während Pasquale Baratto und Franco Mari Erinnerungen austauschten, fiel ihr Blick nach draußen. Es war ein warmer Sonntag im Juli 1961, Menschen flanierten über die wenig befahrene Straße, Kinder rannten begleitet von den Ermahnungen der Mütter hinunter zur Niers, um sich mit Spielen die Zeit zu vertreiben und ein wenig Erfrischung zu finden. Da mussten die drei Herren, die touristenähnlich die Straße entlang schlenderten, schon auffallen: zwei in der Statur etwas größere dunkelhaarige und ein kleinerer ebenfalls schwarz gelockt, der einen Fotoapparat um den Hals trug: Giuseppe Albaceli aus Ruvo di Puglia, Antonio Blandamuro und Donato de Lorenzo aus Amendolara. Der Gelatiere war überrascht, als er erkannte: Hier kommen die ersten Landsleute. Spontan sprach er sie an, drückte ihnen die Hände und befragte sie. Bei einem erfrischenden Eis, zunächst natürlich auf Kosten des Hauses, erfuhr er, dass sie zu etwa 30 „Gastarbeitern" aus Apulien gehörten, die von den GEGE-Werken angeworben worden waren und dort in der Fabrik eine Anstellung bekommen hatten. Weitere Arbeitskräfte würden benötigt und sollten anreisen.

Ohne zu zögern bestellte er sogleich für sein Lokal eine Espressomaschine. Bis sie wirklich ausreichend in Anspruch genommen werden konnte, mussten noch einige Wochen vergehen.

Giuseppe Albaceli erblickte im Jahr 1922 in Ruvo di Puglia das Licht der Welt. Am 1. August. 1961 unterschrieb er seinen Arbeitsvertrag für eine Anstellung als

Giuseppe Albaceli

Hilfsarbeiter im Furnier- und Sperrholzwerk bei den GEGE-Werken in Weeze. Dieser Vertrag war befristet auf ein Jahr und sollte am 31. Juli 1962 enden. Einige Tage zuvor war er ihm in Neapel unterbreitet worden. Dort wurde ihm auch ein Reiseentgeld für Familienfahrten in Höhe von 228,- DM genehmigt.

Ruvo liegt 32 km von Bari entfernt. Die Griechen hinterließen ihre Spuren während der Besatzung nicht nur in der Bevölkerung, auch die bemalten Gräber weisen auf den griechischen Ursprung hin. Als später die Römer die Stadt besetzten, blieb Ruvo dem neuen Eroberer treu. Wichtig in Ruvo ist ein Besuch des Museums im Palazzo Jatta, der eindrucksvolle Zeugnisse aus der mannigfaltigen Tradition der Herstellung der bekannten Tonkrüge, die bis ins 7. Jahrhundert v.Chr. zurückreicht, vor Augen führt. Sehenswert ist die Kathedrale – deren Bau etwa um 1070 begonnen wurde – in der sich eine silberne Statue des Heiligen Rocco befindet.

Von dieser Stadt voller Kultur ausgehend hatten Giuseppe und seine beiden Brüder die Reise nach Frankreich angetreten, wo sie als Saisonarbeiter in der Landwirtschaft halfen, bevor Giuseppe sich entschied, nach Deutschland zu fahren, zunächst nach Mannheim, später nach Weeze.

Mit ihm traten andere die abenteuerliche Reise an und unterschrieben einen Jahresvertrag, damit das von den Ministerien und Organisationen angedachte Rotationsprinzip greifen konnte.

Antonio Blandamuro kam 1926 in Montevideo zur Welt, wohin seine Eltern emigriert waren. Die Emigration stellte nach dem 1. Weltkrieg ein illegales Abenteuer dar. Die Agenten versuchten, die armen Leute davon zu überzeugen, welche Reichtümer jenseits des Ozeans auf sie warteten. Da sie ihre jugendlichen Arbeitskräfte nicht verlieren wollte, erlaubte die Regierung solche Reisen nicht. Die Transportunternehmen nutzen alle Methoden, um die Bauern von sich zu überzeugen. Die opferten wiederum ihre geringen Ersparnisse und verkauften ihren Besitz in der Hoffnung auf ein besseres Leben, eine Hoffnung, die sich – als es zu spät war – auf bittere Art zerschlug.

Antonios Eltern konnten diese Reise finanzieren und blieben zehn Jahre in Argentinien, wo der Vater eine Anstellung in einer Fabrik fand, die Fliesen herstellte. Zwei Jahre lang besuchte er dort die Grundschule, sonst hat er nur wenige Erinnerungen an diese Zeit. Da die Mutter das Klima nicht vertrug, entschloss sich der Vater, mit der Familie nach Kalabrien zurückzukehren. Hier arbeitete er auf einem Bauernhof, und Antonio half ihm so gut er konnte. Im Jahr 1949 leistete er in Verona, später in Bologna, seinen Militärdienst ab. 1954 lernte er seine Frau Teresa kennen. Den Entschluss nach Deutschland zu reisen, setzte er 1961 in die Tat um. Im August kam er spät abends um 22.30 Uhr mit einer Gruppe Gleichgesinnter in Kevelaer an. Dort wartete bereits ein Bus mit dem Dolmetscher der GEGE-Werke, Heinrich Mertens, auf sie, der sie herzlich in ihrer Muttersprache begrüßte. In Weeze empfing sie Fritz Geenen, der ihnen sogleich den deutschen Koch vorstellte, der für sie als Überraschung Spaghetti mit Zucker zubereitet hatte. Natürlich hatten sie Hunger nach der langen Reise

und nahmen oben in der Küche Platz. Irgendetwas schien nicht zu stimmen! „Schmecken die Nudeln nicht?", wollte Herr Mertens wissen. „Wir kennen keine Spaghetti mit Zucker. Wir sind Nudeln mit Tomatensoße gewohnt. So etwas lassen wir nicht in unseren Magen. Außerdem sind die Nudeln zu lange gekocht, sie kleben wie Leim. Schauen Sie!" Einer warf voller Kraft eine Hand voll Nudeln an die Decke, die wirklich dort oben kleben blieben. An diesem Abend blieben die Mägen leer.

Zwei Tage später wurden den Männern ihre festen Arbeitsplätze zugewiesen.

Donato de Lorenzo reiste im gleichen Jahr aus Amendolara an. An diesem Ort war er seiner Tätigkeit als Bäcker nachgegangen. Mehr aus Abenteuerlust als aus finanziellen Gründen trieb es ihn nach Deutschland. Ein Arbeitsvertrag wurde leichten Herzens unterschrieben. Das harte störrische Holz in den GEGE-Werken ersetzte den geschmeidigen Teig, den er vorher mit Geschick zu Broten unterschiedlichster Form verarbeitet hatte. Kurze Zeit später reiste seine Familie nach. Sie ergriffen das Handwerk ihres Vaters und sind in Weeze und in der näheren Umgebung als Pizzabäcker bekannt.

Diese erste Gruppe der Italiener aus Apulien und Kalabrien war in der Freizeit gerne zusammen. Gemeinsam trafen sie sich nach getaner Arbeit in den Kneipen des Ortes zu einem erfrischenden Glas Bier, die ersten Kontakte zu den Deutschen wurden gepflegt.

Genügsamkeit ist natürlicher Reichtum,
Luxus ist künstliche Armut.
Wer die Welt bewegen will,
sollte erst sich selbst bewegen.

Sokrates

VI. Leben in einer Idylle

Ende der 50er Jahre hatten in Weeze fleißige Bewohner die Zerstörungen des Krieges beseitigt. Die Kirche St. Cyriakus mit ihrem imposanten Turm war fertig gestellt. Das Leben florierte wohin das Auge auch schaute: in den Straßen konnten die Menschen von Geschäft zu Geschäft spazieren, die Auslagen bewundern und ihre Einkäufe tätigen. Die unterschiedlichsten Waren wurden angeboten: Lebensmittel, Bekleidung, Geschirr und Töpfe, Schuhe und gleich in der Nähe bot der Schuster, ebenso wie der Schmied, seine Dienste an. Auch ein Fotograf war vertreten. Es gab zahlreiche Gastwirtschaften, in denen die Wirte alle Hände voll zu tun hatten, vor allem nach Feierabend und an den Wochenenden. Begehrt waren die Lokale, die zum Samstagabend oder Sonntag Musikanten eingeladen hatten, die zum Tanz aufspielten.

Ein Kino gab es an der Kevelaerer Straße, das später gelegentlich für die Familien der Emigranten Filme in italienischer Sprache zeigte.

Die Gärten bei den Häusern waren bestens kultiviert. Alle möglichen Sorten von Gemüse und Salat wurden im Frühjahr ausgesät, deren Wachstum wurde

In der Mitte Schneidermeister Massimo Politi mit Landsleuten

von den Vorübergehenden kritisch begutachtet, den erfolgreichen Züchtern Lob ausgesprochen. Hin und wieder wanderte als Dank ein besonders gelungener Salat oder eine Handvoll Kirschen über den Gartenzaun. In einer Ecke gackerten die Hühner, bewacht von einem prächtigen Hahn. Im Verschlag beim Haus wartete ein ahnungsloses Schwein auf seine zukünftige Verwendung im Winter. Die Kaninchen nebenan ließen sich durch sein Grunzen nicht stören. Die Taubenzüchter hielten in den Käfigen unter dem Dach ihre preisgekrönten Tiere, die in den Abendzeiten in solcher Anzahl zum Rundflug starteten, dass sich gelegentlich der Himmel verfärbte.

Weeze war ein lebendiges Dorf, die Einwohner fühlten sich hier wohl.

Alle Jahre sehnten sie die Kirmeszeit herbei. Wenn die Wagen angereist kamen, standen die Kinder erwartungsvoll auf der Straße.

Die Frauen brachten die Wohnungen auf Hochglanz, rührten anschließend den Teig für den Festtagskuchen, der das Herz mancher Naschkatze höher schlagen ließ.

Endlich konnten mit Freunden und Bekannten die Festlichkeiten begangen werden. Viele junge Paare lernten sich bei den Tanzveranstaltungen kennen.

Eine feste Zeitangabe für Handwerker war: Vor Weezer Kirmes und nach Weezer Kirmes.

In der Fabrik wurde eifrig geschuftet, zügig musste die Arbeit von der Hand gehen, um die Nachfrage zu befriedigen und den Profit zu mehren. In den Straßen, in den Läden und Häusern war von diesem Getriebe nichts zu spüren. Das Leben außerhalb der Firma war angenehm und von Lebensfreude geprägt. Die Menschen nahmen sich Zeit füreinander, sie tauschten die neuesten Nachrichten aus, kamen ins Gespräch und selbstverständlich wurde viel und herzlich gelacht.

Fordere viel von dir selbst
und erwarte wenig von den anderen.
                                    Konfuzius

VII. Von Sizilien über Neapel
in den kühlen Norden

Die Fachkräfte aus Sizilien mit Familien: Natale Verde mit Landsleuten

Im Juli 1962 kam die zweite Gruppe von Arbeitern nach Weeze, diesmal aus Sizilien.

Einer von ihnen war Antonino Sinatra. Er hatte sich mit Bekannten aus der Gemeinde Paternò, u.a. Giuseppe Rapisarda und Vincenzo Virgillito, für die GEGE-Werke in Weeze entschieden.

Aus den Erinnerungen des Antonino Sinatra:

Bevor wir unser Ziel erreichten, mussten wir eine strapaziöse Odyssee auf uns nehmen. Es begann mit tagelangen ärztlichen Untersuchungen in Catania. Nicht nur Herz und Lunge, auch die Zähne, Gelenke, Blut, Urin und Stuhl wurden untersucht.

Von Catania aus ging die Reise weiter nach Neapel. Dort blieben wir drei Tage in einem Sammellager, in dem wir erneut auf unsere Gesundheit hin kontrolliert wurden, diesmal von deutschen Ärzten.

Ein Gebäude in der Nähe des Zentrums wurde uns als Unterkunft zur Verfügung gestellt. In der oberen Etage befanden sich die Räume zum Schlafen. Eine Küche war ebenfalls eingerichtet worden mit einem Raum, der als Speisesaal fungierte. An den Wänden warnten halb verblichene Zeichnungen die Schüler vor Sprengkörpern, die eventuell noch vorzufinden waren.

Zunächst einmal wurden die Fenster weit geöffnet, um die Gerüche, die jedem von uns anhafteten aufgrund der verschiedenartigen Tätigkeiten und Herkünfte, entfliehen zu lassen. Allerdings konnte der ein oder andere nicht der Versuchung widerstehen, sich eine Zigarette anzuzünden, bis er darauf aufmerksam gemacht wurde, dass das Rauchen verboten war.

Einige protestierten laut gegen das, was sie vorfanden:

„Schaut euch das Gebäude an, der Putz bröckelt überall! Anstatt in unserem Land die notwendigen Einrichtungen für unsere Kinder zu schaffen, damit sie Freude haben und dem Unterricht folgen zu können, fahren wir in ein fremdes Land, um neue Infrastrukturen einzurichten."

Viele zuckten teilnahmslos mit den Schultern. Für sie war es wichtig, einem eintönigen Land entflohen zu sein und die Hoffnung auf ein besseres Leben in Aussicht gestellt zu bekommen.

Von der Sonne verbrannte Gesichter, wenngleich müde und mitgenommen von den Strapazen der Reise, zeigten die Bereitschaft, alle Hindernisse zu überwinden, um endlich Geld in den Händen zählen zu können.

Bisher war jeder Tag ein Kampf ums Überleben gewesen, zahlreiche Familienmitglieder wollten ernährt werden. Das Geld sollte helfen, Türen zu öffnen, um ein erfülltes Leben zu verwirklichen.

Diejenigen, die sich durch Zufall zusammengefunden hatten, kamen aus den verschiedensten Gegenden Süditaliens. Zusammengeschlossen in Gruppen verständigten sie sich untereinander und erklärten ihren Entschluss, eine Arbeitsstelle gleich welcher Art anzunehmen.

„Sie schicken uns ins Ausland, damit die Kommunisten weniger werden. Ich sage euch, das ist die Wahrheit!"

„Aber auf diese Art werden auch Probleme gelöst, wird der Schaffung von Existenzen verholfen, vor allem wird Unzufriedenheit beseitigt."

Ich nahm die Sätze auf, die in den verschiedenen Dialekten geäußert wurden.

„Woher kommt ihr?" Namen von Dörfern wurden genannt, von denen die meisten nie etwas gehört hatten. Menschen saßen einander gegenüber, die in ihrem Leben hart gearbeitet hatten, auf den steinigen Feldern, unter Tage in den Minen unter schwierigsten Bedingungen, auf den schwankenden Fischerbooten. Aus Wut, aus Resignation oder auch aus Abenteuerlust waren sie erschienen, um sich von deutschen Ärzten auf ihre Tauglichkeit hin untersuchen zu lassen.

Abends besuchten wir die Umgebung, andere blieben in der Unterkunft. Es war interessant zu hören, dass einige sich schon in ihrer Kindheit mit ihren Eltern in den USA oder Argentinien aufgehalten hatten, um jetzt selbst erneut ihr Land zu verlassen. Kaum noch erinnerten sie sich an die Weite dieser Länder, an die endlose Schiffsreise in den beengten Kabinen und die Angst der Eltern, ihre Kinder an Deck gehen zu lassen.

Mit einem Bekannten machte ich mich auf zu einem Spaziergang; es war schön, mit welcher Ordnung die Deutschen unseren Zwischenaufenthalt

geplant hatten. Alles lief nach bestimmten Regeln und Mechanismen ab. Nur für kurze Zeit wollten wir diesen Bestimmungen entfliehen.

In einer engen Gasse, in der sich die Häuser dicht aneinanderdrängten, traf unsere Nasen ein bekanntes Duftgemisch aus Oregano, Basilikum und Tomaten. Uns lief das Wasser im Mund zusammen. Obwohl wir zu Abend gegessen hatten, lockte uns die Aussicht auf einen Leckerbissen, schneller zu gehen. Ein kleines Fenster, das weit geöffnet war, ließ uns Einblick nehmen in die Backstube einer Pizzeria. Ein kräftiger Mann war dabei, mit aller Energie Mehl zu einem Teig zu verarbeiten. Sein Schnurrbart, seine Augenbrauen, alles war vom Mehl bestäubt. Die Kleidung wies ebenfalls die Spuren seiner Tätigkeit auf. Der Teig wurde geknetet, auf der Marmorbank geschlagen, in der Luft gedreht, erneut geknetet und gedreht, schließlich in eine Schüssel gelegt und in der Nähe des Ofens gelagert. Hin und wieder schob der Bäcker ein Scheit Holz in den Backofen, dessen Steine im Innern rot glühten. Als ihm die Flamme entgegenschlug, schob er die Glut mit einem Stock, an dessen Ende ein feuchter Lappen befestigt war, in den hinteren Teil des Ofens und nun galt es, schnell zu handeln. Geschickt formte er aus einem Teigstück einige Fladen, belegte sie mit Basilikum, gewürzten Tomaten und geriebenem Käse; einige Tropfen Olivenöl durften nicht fehlen. Dann beförderte er mit Hilfe einer langen hölzernen Schaufel die Pizzen in den glühend heißen Ofen. Dass sein Backwerk beste Qualität haben musste, erkannten wir an seinem erstaunlichen Leibesumfang.

Jetzt hatte er Zeit, sich uns zuzuwenden. Wir berichteten auf seine Fragen kurz über den Grund und das Ziel unserer Reise. „Vengono persino dalla Sicilia, per gustare la pizza napolitana. Venite, venite qua!" Er selbst hatte erlebt, dass in den vergangenen Jahren Massen von Menschen aus dem Süden angereist kamen, um sich auf den Weg ins Ausland zu machen auf der Suche nach Arbeit und die Räumlichkeiten in der Nähe als Durchgangsstationen genutzt wurden.

„Ritornate alle vostre case!" – „Geht zurück an den Ort, aus dem ihr her gekommen seid! Dort gibt es genug zu tun: Straßen, Schulen, Hotels, Krankenhäuser müssen gebaut werden!" „Ritornate!" Eindringlich wiederholte er seine Aussagen.

„Kehrt zurück zu euren Frauen und Kindern! Bleibt in unserem Land. Ich weiß, wovon ich spreche!" Er öffnete den Backofen. Der Duft der Pizzen – bereit zum Verzehr – schlug uns entgegen, ließ das Wasser im Mund zu einem Bach anschwellen. „Gustate la pizza napolitana!", wiederholte er.

Mit gekonnten Armbewegungen ließ er die Leckerbissen zum Servieren auf eine Serviette gleiten und würzte sie mit fein geriebenem Oregano, und als er die Gäste, die geduldig in der Reihe bei der Theke warteten, zufrieden gestellt hatte, stellte sich heraus, dass er zu unserer großen Freude auch an sein Publikum am Fenster gedacht hatte. In einer weißen Papierserviette bot er uns eine dampfende, aromatisch duftende Pizza an. Wir konnten nicht widerstehen und

griffen beherzt und dankbar zu. Sie zerging uns auf der Zunge und stärkte Herz und Magen. Während wir unsere Gaumenfreude verzehrten, hörten wir ein Rascheln am Boden zwischen den mit Tomaten und Öl getränkten Papieren. „Eine Ratte!", rief mein Kollege entsetzt aus. Voller Erstaunen erwiderte der Pizzabäcker: „Sagt nur nicht, dass es in eurer Gegend keine Ratten gibt!" – „Doch, das schon, nur sind sie nicht so wohlgenährt wie bei euch."

„Merkt euch: Je reicher die Umgebung, desto fetter sind die Ratten.", belehrte er uns. Die nächsten Kunden näherten sich, er hatte keine Zeit mehr, sich mit uns zu unterhalten. Wir verabschiedeten uns nicht ohne uns bei ihm herzlich für diese Überraschung zu bedanken. „Buona, buona! Grazie!", riefen wir ihm im Weggehen zu. „Gute Reise und kommt bald hierher zurück!" Kauend machten wir uns auf den Weg zur Unterkunft. Es war noch hell und die Kollegen hatten sich auf den Eingangsstufen niedergelassen und genossen eine letzte Zigarette vor dem Schlafengehen.

Endlich begaben wir uns zu Bett. Es war für viele die erste Nacht fern von der Familie. Ich hörte, wie auch die anderen im Zimmer nicht zur Ruhe kamen. Sie wälzten sich in ihren Betten. In der Nähe schlug die Kirchturmuhr zwölf Mal.

Am nächsten Tag begannen die Untersuchungen: Blut-, Urin- und Stuhl-proben wurden entnommen und ausgewertet, dann ging es weiter zur Lei-besvisitation. Ein Landsmann genierte sich über alle Maßen, von einer Frau Doktor untersucht zu werden, vor allem als es um gewisse Körperregionen ging. Resolut setzte sie sich durch. Sie forderte uns auf, uns frei zu machen. Für die meisten stellte dies kein Problem dar, da wir ausnahmslos Männer waren. Einigen widerstrebte es. Voller Scham versuchte einer von ihnen, seine Geschlechtsteile mit den Händen zu verdecken. „Sie brauchen sich nicht zu schämen. In unserem Alter wissen wir, wie unser Herrgott uns erschaffen hat. Also beugen sie den Oberkörper vor und legen sie die Hände auf die Knie wie ihre Kollegen!" Der Mann folgte mit gerötetem Gesicht. Zu seiner Überra-schung führte die Ärztin einen Finger in seinen Anus, um ihn zu untersuchen. Dass dies auch seiner eigenen Gesundheit dienlich sein konnte, erfuhr er erst später. „So etwas macht die Hausfrau bei der Henne, wenn sie wissen möchte, ob das Tier bald ein Ei legen wird!", schrie er. „Alles in Ordnung.", meinte die Ärztin und ging weiter zum Nächsten.

„Nichts ist in Ordnung", erklärte er mir noch hochrot im Gesicht „solange wir gezwungen werden, im Ausland ein Stück Brot für unsere Kinder und Frauen zu besorgen. Die Regierung muss sich engagieren, damit wir im eige-nen Land Arbeit bekommen, damit unsere Kinder eine Bildung oder Aus-bildung genießen können, damit jeder Mensch mit seiner Familie gemein-sam ein Leben in Würde verbringen kann." Wütend ließ er seinen Emotionen freien Lauf. „Sie sind frei in Ihrer Entscheidung!", sprach die Ärztin. Er zog sich neben mir an. Dabei nahm er aus seiner Brieftasche ein Foto. „Sie ist meine kleine Tochter.", er deutete liebevoll auf ein Kind mit blonden Locken

und leuchtenden Augen. „Ein schönes Kind.", flüsterte ich ihm zu. Ein dankbarer Blick traf mich. „Ich heiße Michele.", stellte er sich mir vor.

Die langwierigen Untersuchungen waren beendet. Wer nicht für geeignet befunden wurde, musste zurück reisen. Den Ausgewählten wurden Arbeitsangebote vorgelesen aus den unterschiedlichsten Betrieben in ganz Deutschland. Arbeitsbedingungen, Löhne, Anzahl der Einstellungen wurden bekannt gegeben. In den meisten Fällen entschlossen sich Angehörige einer Familie oder mehrere gute Bekannte oder Dorfbewohner, in einer Gruppe zusammen die Anstellung in einer Firma zu übernehmen.

Für die Jüngeren von uns verband sich mit dieser Reise – Lust auf Abenteuer – Entdeckung des Unbekannten – Verwirklichung von Wunschträumen. Die Älteren planten rationaler: Sie wollten ein Jahr lang in Deutschland Geld verdienen, um die eigene Lage und die der Familie zu verbessern.

Nachdem wir den GEGE-Werken in Weeze zugeteilt worden waren, erhielten wir unseren Proviant und die Reise ging abends zunächst einmal über Mailand nach München. Von München aus (wo wir einige Stunden verbrachten) leitete man uns weiter nach Köln. Dort angekommen, wurden wir von einem Vertreter der GEGE-Werke abgeholt und nach Weeze gebracht. Zum Glück war Sommer, sodass uns die Umstellung auf das Klima nicht schwer fiel.

Bei unserer Ankunft im Bahnhof waren wir überrascht, wie klein der Ort war. Zu Fuß führte uns der Dolmetscher zum Gelände der GEGE-Werke. Im Gänsemarsch liefen wir einer hinter dem anderen mit unseren Koffern aus Karton. Neugierige Blicke begegneten uns Fremden, mancher erkundigte sich nach unserer Herkunft. Unser Begleiter antwortete bereitwillig. Mehrmals fiel das Wort Sizilien. Der Weg führte uns zu einer Tankstelle, dann über die Hauptstraße. Später bogen wir ab zur Fabrik. Die Schranke war heruntergelassen. Wir gingen am Pförtner vorbei aufs Fabrikgelände. Da stand doch wirklich in der Nähe ein Eisverkäufer mit seinem kleinen, bunten Karren. Zwei silberne Kühlbehälter ließen Köstliches erahnen. Heimatliche Gefühle überkamen uns. Im Eingangsbereich zum Gelände beeindruckte mich, wie viele Fahrräder dort abgestellt waren. Unwillkürlich erinnerte ich mich an den Film „Ladri di biciclette" von Vittorio de Sica. Dort stellte es große Schwierigkeiten für den Hauptdarsteller dar, das für den Lebensunterhalt notwendige Fahrrad zu klauen, nachdem ihm sein eigenes, das er unter großen Entbehrungen angeschafft hatte, entwendet worden war. Hier wäre es ein Leichtes gewesen, Ersatz zu beschaffen.

Im Gebäude wies man uns sogleich unsere Kammern zu. Unten, so erfuhren wir, war die Wohnung des Chefs, von Herrn Fritz Geenen. Rechts öffneten wir eine Tür, stiegen die Treppe hoch und erreichten einen Flur. Einige Räume waren bereits von Landsleuten aus Apulien bezogen worden. Wir verteilten uns auf die Zimmer, die noch frei waren. Auf einer Etage befand sich alles: die Betten mit einem Schrank, die Duschen, die Toiletten, die Küche.

Nachdem der Dolmetscher uns in alles Notwendige eingewiesen hatte, ließ er uns in Ruhe, damit wir uns mit der neuen Umgebung vertraut machen konnten.

Der 12. Juli 1962 war unser erster Arbeitstag in Deutschland. Wir arbeiteten 48 Stunden in der Woche (von montags bis samstags) bei einem Lohn von 2,52 DM in der Stunde.

Es konnte im Akkord gearbeitet werden, auch Überstunden wurden gemacht. Zwischen 60 DM und 70 DM zog man uns monatlich für Unterkunft und Verpflegung ab.

An eben diesem Tag schon wurde ich zu meiner neuen Arbeitsstelle gebracht. Ich sah zu, wie ein Arbeiter mit Leichtigkeit die Furniere in Empfang nahm, die über ein Fließband durch die Trocknermaschine transportiert wurden. Anschließend legte er sie Blatt für Blatt auf eine Karre, sodass sie letztendlich wieder zu einem Baumstamm zusammengesetzt wurden.

„Einfach? Du probieren!" Wir tauschten die Plätze. Ich nahm die Furniere an, sie waren noch heiß, sehr heiß. Es gelang mir nicht, den ungewohnten Schmerz in den Fingern zu unterdrücken. „Dio mio!", schrie ich auf Italienisch. Durch Reiben und Pusten versuchte ich den Schmerz zu lindern. Aus dem Blickwinkel sah ich wie Arbeiter und Vorarbeiter schmunzelten. Während er weiter lachte, half mir der Arbeiter. „Schnello, schnello, so!" Er machte es mir vor. Es waren einfache Bewegungen, die gewandt ausgeführt werden mussten, um die Finger nicht zu verbrennen. „Ogni principio è duro." („Jeder Anfang ist schwer.") Also, ich war wieder bereit. Ich nahm seinen Platz ein – ganz konzentriert. Vor meinen Augen bewegte sich das Fließband, in meinem Kopf spielte sich der Film mit Charlie Chaplin ab, der versuchte, an einer Maschine eine Schraube zu befestigen. Das Fließband wurde rastloser, seine Arme wurden schwächer und erlahmten, bis er zwischen die Zahnräder kam. In keiner Sekunde hatte er es sich erlauben können, an sich selbst zu denken.

Das sollte mir nicht passieren! Ich stellte fest, dass die Deutschen nicht mehr lachten und überrascht mein Können anerkannten. „Du Pipi, ich kommen.", gab er mir mit Gesten zu verstehen. „Bene?!" – „Bene.", antwortete ich. Jetzt war ich Teil des Getriebes geworden und hatte keine Zeit mehr zum Nachdenken. Doch jedem war bewusst: Wird eine Maschine an seinen Platz gestellt, dann würde er nicht mehr gebraucht. Nur bis dahin konnte er seinen Lohn bekommen.

Mit der Zeit wurde die Arbeit zur Gewohnheit. Wir arrangierten uns mit der neuen Umgebung und Situation. Wenngleich mir das Essen schon Probleme bereitete. Die Art der Zubereitung war mir und meinem Magen nicht bekannt und nicht bekömmlich. Der Arzt diagnostizierte Magenbeschwerden unbekannter Ursache. Als ich zu Weihnachten nach Italien reiste, erfuhr ich, dass ich Typhus gehabt haben musste.

Zunächst standen die Italiener aus Apulien uns neu angekommenen Sizilianern misstrauisch und ablehnend gegenüber.

Während der Woche wurde fleißig gearbeitet, doch an den Sonntagen erholten wir uns. Wenn dies für viele auch Tage voller Melancholie waren: voller Erinnerungen und Gedanken an die Familien daheim, bedeuteten sie für andere wiederum: Zeit des Vergnügens, des fröhlichen Beisammenseins. Wir gingen zum Tanz bei Koppers, Arntz und Bosser und auch in andere Lokale in Goch sogar in Holland.

Das Verhältnis zur deutschen Bevölkerung, vor allem zur weiblichen, war damals gut.

Ein- oder zweimal in der Woche wurden im Kino (später Böckenhoff) Filme in italienischer Sprache gezeigt.

Karneval feierten wir als Gruppe in verschiedenen Lokalen. Ein großes Fest war für alle die Kirmes, auf die man sich lange vorbereitete und die voller Begeisterung gefeiert wurde.

Und dann begann für uns der erste deutsche Winter. Draußen setzte der Frost ein. Zum Glück hatten viele von uns die selbst gestrickten wärmenden Hemden und Unterhosen der besorgten Verwandtschaft mitgebracht. Sie taten jetzt gute Dienste. Wir trauten unseren Augen nicht, als eines Morgens der Innenhof, die Dächer der Fabrik, die Bäume eine dicke, weiße Puderschicht trugen: „Neve, neve!", rief ein Landsmann aufgeregt. „Ma quanta neve!" – „Schnee! Soviel Schnee!" Schnell zogen wir eine wärmende Jacke über und eilten nach draußen. Sogleich steckten die ersten bis zu den Knien im Schnee. So hoch und in solchen Mengen hatten wir ihn in unserer Gegend nicht erlebt. Wohl aus der Ferne hatten wir im Winter die weiße Spitze des Ätna bewundert. Die wilden Sprünge durch die weißen Massen wurden jäh gedämpft, als der erste ins Rutschen geriet und in seiner ganzen Länge am Boden landete, zum Glück fing ihn die weiche, kalte Decke sanft auf. Was wir nicht wussten, war, dass sich unter dem Schnee eine spiegelglatte Eisschicht versteckte, die sich am Abend zuvor gebildet hatte. Weitaus vorsichtiger kehrten wir in die Unterkunft zurück. Immer noch schwebten kräftige weiße Flocken vom grau verhangenen Himmel.

Am folgenden Sonntag machten wir uns auf zu einem Spaziergang. In den letzten Tagen hatten die heftigen Schneefälle angehalten und die Landschaft sowie der Ort waren in die weißen Massen eingehüllt und boten ein ungewöhnliches Bild. Unterwegs begegneten wir zahlreichen Menschen, jungen und alten Mitarbeiter aus der Fabrik mit ihren Familien grüßten freundlich im Vorübergehen. „Kalt ist es in Deutschland!", riefen sie uns zu. Kalt? Caldo? Caldo konnten wir diese Witterung nicht nennen. Verdutzt erwiderten wir den Gruß und spazierten weiter. Alle schlugen die gleiche Richtung ein. Neugierig folgten wir ihnen. Mit strahlendem Gesicht brachte jeder seine Freude über die unverhoffte sonntägliche Freizeitgestaltung zum Ausdruck. Kinder zogen die zum Teil selbstgebauten Schlitten oder ließen sich von den Erwachsenen ziehen. Eine feste Schneespur zeigte uns den Weg nach Wissen. Das Schloss lag wie immer imposant hinter den hohen Bäumen unter einer weißen Haube

versteckt. Die Sonne war hervorgekommen und ließ die Schneekristalle in allen Nuancen glitzern. Fröhlicher Kinderlärm erschallte vom Schlossgraben herüber. Wagemutige hatten ihre Schlittschuhe hervorgeholt und zeigten ihr Können auf dem Eis. Einige von uns betraten die Eisdecke, um ebenfalls den unbekannten Belag zu testen, gaben jedoch schnell auf, da sie eine Rutschpartie lieber nicht aufs Spiel setzen wollten und unsere italienischen Schuhe für den deutschen Winter nicht sonderlich geeignet waren. Dafür taten wir es mit Begeisterung einigen Kindern nach, die sich am Ufer eine heftige Schneeballschlacht lieferten. Laut lachend formten wir kräftige Bälle und bombardierten damit den Gegner, der sich selbstverständlich mit einer noch heftigeren Ladung revanchierte. Innerhalb kurzer Zeit waren wir nicht mehr vom Schneemann zu unterscheiden, den einige Jungen an der Brücke als Wächter platziert hatten. Bald gaben wir auf, denn die notwendigen Handschuhe fehlten uns. Wir hauchten unseren Atem in die Hände, rieben sie aneinander oder zwischen den wärmenden Hosenbeinen oder versuchten unser Glück in den Jackentaschen. Bestens gelaunt, wenn auch durchgefroren, erreichten wir mit glühenden Wangen und triefenden Nasen das Wohnheim. Unsere feuchten Kleidungstücke hängten wir zum Trocknen in der Nähe der Heizung auf. Bei einer heißen Tasse Kaffee wärmten wir uns wieder auf, streckten uns auf den Betten aus und genossen die Ruhe. Der Blick fiel auf die Fotografien aus der Heimat, die behelfsmäßig an der Wand befestigt waren. Auch ein koloriertes Bild der Madonna, das mir die Großmutter zugesteckt hatte, befand sich dazwischen. Erschöpft schlossen sich die Augen, ein kurzer erholsamer Schlaf überfiel uns.

So verging der November und der Dezember nahte.

In den Schaufenstern wiesen die Dekorationen auf das nahende Weihnachtsfest hin. Wir alle ließen es uns nicht nehmen für die Verwandten zu Hause ein Geschenk zu erstehen, vor allem für die Kinder. Michele erwarb für seine Tochter eine kleine Puppe, kunstvoll wie eine Prinzessin gekleidet. Stolz zeigte er mir seine Überraschung und malte sich im Vorhinein ihre strahlenden Augen aus, bei seiner Heimkehr in den Weihnachtsferien. „Wird sie mich wiedererkennen, wird sie mich umarmen?"

Gelegentlich geschah es, dass durch Vorurteile allem Fremden gegenüber und durch mangelnde Sprachkenntnisse Konflikte entstanden. Auseinandersetzungen fanden statt, aber nur selten kam es zu Handgreiflichkeiten.

So erging es mir, nachdem einige Monate seit meiner Ankunft in Weeze vergangen waren, dass ich im Büro beim Eingang rechts vorstellig wurde. Ich wollte um eine Erklärung bezüglich meiner Abrechnung für die Überstunden bitten. Denn nach genauester Prüfung war ich der Meinung, mein Gehalt müsse höher sein. Leicht aufgeregt klopfte ich an das Fenster, das Publikum und Angestellte voneinander trennte. Es wurde langsam geöffnet und das Gesicht einer jungen Dame blickte mich fragend an – sie wollte wissen worum es ging.

Ich stellte mich vor und obwohl ich mich bestens vorbereitet und die Wörter, die ich gebrauchen wollte, oft wiederholt hatte, gelang es mir nicht eindeutig, mein Anliegen vorzutragen. Sie fragte erneut nach meinem Begehren, und ich wies auf meinen Lohnzettel und auf den Abrechnungsfehler hin. Ob sie mich wirklich nicht verstand? Dreist und keck wandte sie sich ihren Kolleginnen zu, die, von ihr angesteckt, versuchten zu imitieren: sie gestikulierten und stießen undeutliche Laute aus. In mir rief dies Wut und Verlegenheit zugleich hervor. Ihr Lachen wurde lauter. In diesem Augenblick wurde mir bewusst, dass ein Mensch, solange er die Sprache nicht beherrscht, schikaniert, missverstanden, mindestens aber belächelt wird, ganz gleich, ob er höflich, intelligent, gut aussehend oder ehrlich ist. Da half nur eins: fleißig lernen und aufmerksam sein.

Zorn überfiel mich, dass meine eifrig einstudierten Sätze von den deutschen Kollegen in einem schlechten Deutsch imitiert wurden, während ich von ihnen verlangte, korrektes Deutsch zu sprechen.

Der Träumer ist eigentlich der Tatmensch.
Ich habe nie etwas anderes sein wollen als ein Träumer.

Pessoa

VIII. Die Wirtschaft blüht –
Werber auf dem Weg von Weeze nach Apulien

Langsam fassten die Italiener Fuß in Weeze, wurden zu einem wichtigen Bestandteil der holzverarbeitenden Industrie und hatten sich in ihren Unterkünften so gut wie es ging, wenn auch notdürftig, eingerichtet. Die Zahl der Arbeitskräfte reichte bei weitem nicht aus. Diesmal beschloss die Firma, sie im Süden selbst anzuwerben.

Und so mussten zwei Vertreter der GEGE-Werke eine lange Reise antreten: Bedeutungsvoll war der Auftrag der beiden Herren – Köln hieß ihr Ziel.

Der amtierende Konsul zeigt sich hocherfreut ob der gelungenen Überraschung. Er empfing die Weezer Reisenden voller Herzlichkeit in seinem Büro und bestätigte, selbstverständlich alles zu tun, um die beiden in ihrem Anliegen zu unterstützen.

Er ließ es sich nicht nehmen, die „Freunde" zum Mittagessen ins nahe gelegene italienische Restaurant einzuladen. Seit diesem Tag fanden Herr Mer-

Schreinerei der GEGE-Werke, rechts: Francesco Manca

tens als Dolmetscher und Herr Neumann als Betriebsratsvorsitzender der Weezer GEGE-Werke in Köln Menschen, die ihnen in jeder Hinsicht behilflich waren. Sie brachten „contratti di lavoro" – Arbeitsverträge – mit, die gestempelt wurden und bestätigten, dass die GEGE-Werke bereit waren, Arbeitnehmer aus Apulien anzuwerben und zu beschäftigen. Nachdem die Firma die ersten Italiener aus Apulien schon ein Jahr zuvor eingestellt hatte, wollten sie jetzt selbst an Ort und Stelle den Menschen begegnen, um sie unter Vertrag zu nehmen.

Alles verlief nach Wunsch!

Mit eigenem PKW fuhren die Weezer im Oktober 1962 in Begleitung von Frau Neumann und dem Schwiegervater des Herrn Mertens nach Italien. Lang zog sich die Fahrt hin, denn die Autobahn war noch nicht durchgängig fertig gestellt. Ablenkung bot die Vielfalt der Landschaft: Schneebedeckte Berge, klare blaue Seen, die zum Verweilen lockten, mittelalterliche Städte und Dörfer, endlose Oliven- und Mandelhaine reihten sich aneinander. Rot wurde der Boden, der unbekannte Gemüsearten hervorbrachte, weiter südlich. Endlich war das Meer zu sehen. Angefüllt mit zahllosen neuen Eindrücken kamen sie heil, wenn auch erschöpft, in Monteroni an.

Ein Zimmer war für jeden von ihnen geordert und hergerichtet und die Einwohner standen bereit, den Gästen aus Deutschland jeden Wunsch zu erfüllen.

Im Dorf hatte sich die Ankunft herumgesprochen. Nur mit Mühe konnte der Bürgermeister der Stadt seine Erregung unterdrücken, als er die ausländischen Gäste sehr höflich im Rathaus empfing. Wie es sich für einen Mann seines Ranges gehört, war er zu diesem besonderen Anlass in Anzug und Krawatte gekleidet, der seine kräftige Figur, die der Landarbeiter nicht leugnen konnte, besonders hervorhob. Fast alle Mitglieder des Rates wollten ihm in nichts nachstehen, hatten ihre alltägliche Arbeit ruhen lassen und waren an diesem außergewöhnlichen Tag ebenfalls erschienen. Ein wenig Neugier spielte natürlich auch eine Rolle.

Das Wetter war mild, die Bäume trugen noch Früchte.

In dieser Gegend, genauer gesagt in Sorrent, hatte Herr Mertens während der Kriegszeit die italienische Sprache erlernt in einem Kurs, der von einem österreichischen Professor geleitet wurde. Er sprach ein sehr gutes Italienisch und erzählte gerne von seiner Zeit im „Stiefel". Seitdem war und blieb er dem Land verbunden.

Der Bürgermeister der Gemeinde organisierte die ersten Kontakte zwischen den zwei Gesandten und den Einwohnern.

Von Anfang an glich alles einem großen Fest.

Die meisten wussten schon über ihre Verwandten, die bereits in Deutschland waren, dass Werber kommen sollten; deshalb tat ein jeder Dorfbewohner sein Bestes, um den Aufenthalt der Besucher so angenehm wie möglich zu gestalten.

Natürlich warteten viele darauf, so wie ihre Verwandten und Freunde den Weg in den Norden antreten zu können. Zu Weihnachten oder Ostern, als die ersten Auswanderer während der Ferien den Weg zurück in die Heimat fanden, hatten sie an den Veränderungen, die bei ihnen stattgefunden hatten, teilhaben können. Neue Anzüge und Mäntel ersetzten die alten oftmals wenn auch kunstvoll geflickten Hosen und Jacken von einst. Ein eleganter Hut trat an die Stelle der bäuerlichen Kappe. Die braungebrannten, von der Sonne zerfurchten Gesichter hatten durch die Arbeit in der Fabrik eine vornehme Blässe angenommen. Die Schwielen an den Händen, die nie so richtig von den Erdresten hatten befreit werden können, waren durch den ständigen Umgang mit den verschiedenen Maschinen zurückgegangen. Zudem waren die meisten in der Lage, sich nun in einer anderen Sprache zu unterhalten, die aber irgendwie – aufgrund der undeutlichen Aussprache – noch mit dem Italienischen verwandt war. Und dann gab es da die Geschenke zu bestaunen, die aus den Koffern quollen: Zigaretten der besonderen Art wie „Reval" oder „Roth Händle"; Schokolade und Pralinen mit Nüssen und Kokosflocken. Frauen trugen seitdem Strumpfhosen und Pullover aus feinsten Materialien. Die Kinder führten einander voller Stolz ihre kleinen Spielzeugautos und Puppen vor. So ließ es sich leben. Und die Wartezeit zwischen Abfahrt und Rückkehr schien nicht unendlich zu dauern und war zu überbrücken.

Die Deutschen, von denen man sich den Zugang zum Paradies erhoffte, wurden von den Familien eingeladen und saßen gerne mit ihnen zu Tisch, auf dem die bescheidenen Köstlichkeiten aus der Speisekammer, den Gärten und Weinbergen aufgetragen wurden – Nudeln in den unterschiedlichsten Formen, Längen und Zubereitungsarten, unbekannte in Öl eingelegte und mit Knoblauch aromatisierte Gemüsesorten, kräftige dunkelrot leuchtende Weine. Während sie aßen, antworteten sie auf Fragen und erzählten vom fernen, unbekannten Deutschland. Es war, als ob sie zu den Familien gehörten, als ob sie einen Teil der Verwandten im Ausland in sich trugen. Die Gespräche wurden vertrauter und manche Frauen – erschöpft von der Arbeit auf dem Lande, die sie allein erledigen mussten und den langen Wegen, die zurückzulegen waren, um die Felder zu erreichen, verglichen bei solchen Treffen die Monatseinkünfte ihrer Männer, die schon in Deutschland arbeiteten, untereinander. Während in den ersten Monaten kaum irgendwelche Befürchtungen auftraten, nahmen sie in der kommenden Zeit mehr und mehr zu, und manche „weiße Witwe" spürte, dass sie für immer Wartende bleiben würde. Was war geschehen? Diese Frage bohrte in ihnen und ließ sie nicht ruhen. Waren ihre Männer erkrankt?

Nach außen hin Gelassenheit zeigend, konnten sie doch das Feuer der Erregung, das in ihnen brannte, nicht überspielen. Sie merkten, wie es Herrn Mertens schwer fiel „pane al pane" die Wahrheit zu sagen. Er notierte die Namen der Männer und versprach, sich darum zu kümmern, fügte aber hinzu, dass es ihnen gesundheitlich gut ginge.

Sollten die Entbehrungen, die sie durch die Abreise der Männer auf sich genommen hatten, vergebens gewesen sein?

„Il bene nasce dal dolore, dal benessere il vizio." – „Das Gute wird aus dem Schmerz geboren, aus dem Wohlergehen das Laster", flüsterten die alten erfahrenen Frauen. Zufriedener waren sie gewesen, als ihnen das harte Brot genügte und unentbehrlich war wie das Wasser und die Luft.

Über lange Zeiten hatte der Fremde Apulien Tod, Zerstörung und Armut gebracht. Das Volk war allein gelassen worden von seinen Herrschern, die damit beschäftigt waren, im Hinterland Kriege zu führen. So stand die Küste schutzlos offen für die Angriffe der Sarazenen. Viele Städte und Dörfer wurden bei solchen Überfällen geplündert und dem Erdboden gleich gemacht. Verteidigungsanlagen wie befestigte Masserien und Schutztürme wurden errichtet. Doch nur selten hielten sie den Angriffen der Gegner stand. Friedrich II. (1250-1215) ließ Trutzburgen und mächtige Verteidigungslinien zum besseren Schutz des Landes bauen. Nach seinem Tod setzten sich die Einfälle der Sarazenen mit unbeschreiblicher Grausamkeit fort. Infolgedessen zogen sich die Bewohner ins Innere des Landes zurück. Die Küste wurde zum Sumpfgebiet, in dem sich die Malaria ausbreitete.

Der Fremde brachte Unglück, Angst. Die Menschen fühlten sich allein gelassen in ihrer Armut. Nichts war da, von dem sie annehmen konnten, dass es mit ihnen etwas Positives im Sinn gehabt hätte. Alles schien blind zu sein und ohne Hoffnung, ohne Bedeutung, ohne Ziel.

So blieb es durch die Jahrhunderte.

Mit der Einheit Italiens im 19. Jahrhundert emigrierten viele nach Amerika. In den 60er Jahren des 20. Jahrhunderts wurde aus der Ablehnung allem Fremden gegenüber Neugier. Die Menschen grenzten sich nicht mehr aus – sie näherten sich einander.

Die ersten Familienmitglieder waren nach Deutschland und in andere Länder Mitteleuropas ausgewandert. Jede Nachricht aus der Ferne war willkommen. Wenig wussten die Leute von den Industrieländern im Norden, von den Folgen des Krieges und vom Wiederaufbau. Die Medien: Zeitungen, Radio, Fernsehen waren nur Wenigen zugänglich.

Die Menschen waren damit beschäftigt, für das Lebensnotwendige zu sorgen. Als Besitzer kleiner Grundstücke hatten sie ihre Felder von Steinen befreit und aus kargem Weideland fruchtbaren Ackerboden gemacht. Sie arbeiteten in der Landwirtschaft: Weintrauben, Oliven, Obst wurden kultiviert. Handwerkliche Betriebe schafften es, mit der Herstellung landwirtschaftlicher Geräte die Arbeit auf dem Feld zu erleichtern. Die Frauen machten mit und halfen, wo sie konnten.

Diesmal brachte die Ankunft der Fremden gute Nachrichten. Sie versprachen Arbeit, denn Menschen wurden gebraucht, und die Aussicht auf einen guten und besser bezahlten Arbeitsvertrag lockte. Neue Hoffnungen wurden wach.

Männer und Frauen aus dem Süden – fleißig und gewissenhaft – folgten der Aufforderung zur Reise in eine viel versprechende Richtung und mit der Gewissheit, einen besseren Arbeitsplatz zu bekommen. Die jungen Frauen mussten im Gegensatz zu den Männern in der Familie hartnäckig um die Erlaubnis kämpfen. Es war ein ungewohntes Vorhaben, und viele durften nur in Begleitung eines Verwandten mitfahren.

Nachdem Herr Mertens und Herr Neumann ihre Listen angelegt und vervollständigt hatten, begab Herr Mertens sich zur „caserma". Er stieg die Stufen zum Eingang der Kaserne hinauf und begehrte über den Klingelzug Einlass. Ein Carabiniere öffnete das Tor, kurz danach stand er vor dem Maresciallo. Deutsche Zigaretten und Feuerzeuge als kleine Verständigungsmittel wurden gerne akzeptiert. Lässig überflog er die vorgelegte Namensliste und erklärte, dass er einigen Männern bedauerlicherweise nicht die Erlaubnis zur Reise erteilen könne. Die Liste würde er an die *Questura* in Lecce weiterreichen, damit die Pässe zur Ausreise vorbereitet werden konnten. Ein paar Tage müssten sie sich gedulden. Herrn Mertens überraschte die ungewohnt schnelle Abfertigung, er war zufrieden.

Der Maresciallo war ein sympathischer Mensch, dessen Gesten und Gehabe Ruhe ausstrahlten. Aus seinem vollen runden Gesicht schauten die sanften Augen den Besucher freundlich an. Wahrscheinlich hatte er sich, um mehr Respekt einzuflößen zu können, einen bedrohlich wirkenden Schnauzbart wachsen lassen, der im Laufe der Jahre von Schwarz nach Grau gewechselt war. Seine gesamte Körperlichkeit mit dem kleinen Bauchansatz, der den Genießer kennzeichnete, strahlte Vertrauen aus. Er glich einem guten Vater, der bereit ist, seinen Kindern liebevoll zu begegnen. An der Wand hinter ihm hing das obligatorische Bild des Präsidenten. Gleich in der Nähe stand ein alter Aktenschrank, der überquoll von Papieren und Dokumenten. Seinen Schreibtisch zierte ein altes schwarzes Telefon, und einige Blätter für Notizen lagen bereit. Der Maresciallo nahm auf seinem Schreibtischsessel Platz, öffnete eine Schublade und platzierte der Bequemlichkeit halber seine Füße schräg darauf. Danach rief er mit kräftiger Stimme nach einem Carabiniere und orderte höflich aber bestimmt eine Flasche guten Weins und zwei Gläser – saubere Gläser – wiederholte er mit Nachdruck. „Vino originale pugliese", erklärte er voller Stolz und seine Augen leuchteten. Dann fügte er hinzu: „Wein, den wir selber liebevoll herstellen, Früchte, die von der Energie der Sonne zur Reife gebracht wurden auf unseren eigenen Feldern. Nach alter Tradition werden die Trauben mit Füßen getreten. Anschließend wird der Most in Fässer gefüllt, die zuvor mit aromatischen Zitrusfrüchten behandelt worden sind. Dies alles geschieht nach alten überlieferten Rezepten und Prozeduren. Noch leben wir in einer heilen Welt." Dann nahm er die Namensliste, die Herr Mertens geschrieben hatte, in die Hand und überflog sie. „Wissen Sie, die Menschen, die hier leben, kommen aus großen Familien und hatten nicht

das Glück eine Bildung zu bekommen. Lauter Tagelöhner oder „Cafoni"
wie die besser gestellten sie nennen. Setzen Sie sie nicht an Fließbänder!
Sie wissen, was ich meine." „Si, capisco.", gab Herr Mertens zurück. Der
Maresciallo fuhr fort: „Sorgen Sie dafür, dass diese jungen kräftigen Burschen nicht zu Maschinen werden, sondern dass sie die Chance erhalten zu
einer guten Ausbildung. In einem Jahr sollen sie zurückkehren und dieser
Region aus der Misere helfen." „Deutschland gibt jedem die Möglichkeit,
einen Beruf zu erlernen. Allerdings wird die Reife nicht geschenkt, um sie
zu erwerben, ist es wichtig, die Sprache mir Beharrlichkeit zu erlernen."
Der Carabiniere betrat den Raum und servierte die Flasche mit den beiden
Gläsern, öffnete die Flasche und goss den Wein ein. Herr Mertens fuhr
fort: „Die meisten wollen nur Geld verdienen. Danach sind die Versuchun-
gen groß, den Verlockungen des Geldes zu widerstehen." „Ich muss Ihnen
Recht geben", pflichtete der Maresciallo bei. „Achten Sie auf diejenigen, die
nach anderen Möglichkeiten suchen." „Prego!" Herr Mertens erhob sich
leicht aus dem Sessel und nahm sein Glas entgegen. „Riechen Sie, trinken
Sie langsam mit Genuss! Trinken Sie diese Tropfen als ob es Ihre letzten
wären! Beachten Sie die Farbe: Rosso wie unsere Erde – Terra Leccese!",
wiederholte er begeistert. „Wo haben Sie eigentlich so gut die italienische
Sprache erlernt?" „Vor 20 Jahren nicht weit von hier in Sorrent." „Ah, während des Krieges!" Er nahm sein Glas in die Hand, erhob es mit Andacht:
„Salute!" Der Carabiniere lächelte zufrieden, machte eine Kehrwende und
verließ den Raum. Der Maresciallo nahm einen kräftigen Schluck und ließ
ihn wie einen Leckerbissen auf der Zunge zergehen und atmete tief durch.
„E, allora?" „Fantastico!", gestand Herr Mertens ihm zu. „Questo è un
vino eccellente, signore mio, un vino superbo!" Nachdem der Maresciallo
das Glas bis auf den letzten Tropfen geleert hatte, nahm er mit der Zun-
genspitze die Tropfen auf, die sich auf seinen Schnurrbart gelegt hatten,
holte ein weißes makelloses Taschentuch aus der Innentasche seiner Jacke
und wischte wie der Priester am Ende der Messe nach. „Ebenfalls aus der
Region", bemerkte er, als er Herrn Mertens eine dunkle Zigarre aus einer
Schachtel in seiner Schublade überreichte. „Ich werde mich darum kümmern, dass die Papiere termingerecht angefertigt werden gemeinsam mit
den Pässen, sodass sich die jungen Männer auf den Weg nach Deutschland
machen können. Nebenbei gesagt: Ihre billigen Industrieprodukte werden
bald das traditionelle Handwerk unserer südlichen Regionen verdrängen.
Ähnliches ereignete sich vor etwa hundert Jahren nach der Einigung Italiens." Dann erhob er sich. Erst jetzt stellte Herr Mertens fest, wie klein sein
Gegenüber war. „Ich wünsche Ihnen einen angenehmen Aufenthalt hier bei
uns!", beendete er das Gespräch. Herr Mertens bedankte sich herzlich und
wurde von einem Carabiniere hinausbegleitet. Die letzte Bemerkung des
Maresciallo hatte ihn nachdenklich gestimmt. Die Auswanderung würde
zwar für Wohlstand sorgen aber zugleich die Schließung einiger kleiner

Botteghe bedeuten und viele emigrierten eigentlich nur, um mit dem Verdienst ihre kleinen Handwerksbetriebe zu modernisieren. Bald würden sie von der Realität überholt werden.

Nach den versprochenen paar Tagen wurden Herr Mertens und Herr Neumann in der *Questura* in Lecce vorstellig, um die Pässe in Empfang zu nehmen. Bedauerlicherweise war noch nichts aus Monteroni angekommen. Die Zigaretten, Zigarren und Feuerzeuge waren dennoch auch hier gern gesehene kleine Geschenke, die schnell in den Schreibtischschubladen verschwanden.

Frau Neumann nutzte die freie Zeit zur Erforschung der näheren Umgebung: Von den Balkonen wehte die frisch gewaschene Wäsche, während sich einige Meter darunter in den Straßen Hühner, Puten und Schweine auf der Suche nach Nahrung begegneten. Auf die Besucherin hinterließen sie den Eindruck, als würden sie sich angeregt unterhalten. So wie die Menschen, die sich stets so gaben, als hätten sie Zeit im Überfluss. Ihr Gang, ihre Bewegungen – alles vermittelte den Anschein einer unendlichen Gelassenheit. Die jungen Mädchen saßen auf Stühlen mit dem Rücken zur Straße und fertigten mit Nadel und Faden auf Leinen kleine Kunstwerke zur Komplettierung ihrer Aussteuer. Mit Anmut trugen ihre Altersgenossinnen, lebhaft ins Gespräch vertieft, die vollen Wasserkrüge unbeschadet durch das Gewirr der Gassen, über dem trotz der Vielfalt ein Schleier von Harmonie lag.

In Gallipoli genossen die Besucher aus Deutschland in einem Restaurant gleich am Meer den Vino rosso der Region und Fischspeisen, wie sie sie zuhause nie gesehen hatten. Herr Mertens erinnerte sich an die Geste des Maresciallo und wollte mit einem Gefühl der Entspannung den dargebotenen Wein genießen, als sein Blick auf seinen Kollegen fiel, der das Getränk gierig schluckte. Mit einem Mal war aller Zauber verschwunden. Er trank mit und bestätigte dem wartenden Kellner nur, dass die Flasche in Ordnung sei.

Das Wetter zeigte sich von seiner besten Seite und lud zum Baden ein. Das Wasser war klar und unergründlich wie die Gesichter der Fischer, die am Strand ihre Netze flickten. Herrn Mertens erzählten sie von der Abhängigkeit gegenüber ihren Herren, vom Mangel an Solidarität zwischen ihnen, von der Ausbeutung, die Armut und Unfreiheit förderte. Doch fehlte ihnen die Bereitschaft, das Land mit seinem paradiesischen Klima, das Dorf voller Leben mit seinen Traditionen und jahreszeitlichen Festen zu verlassen, um in der Ferne neu zu beginnen.

Brot, Öl und Wein genügten ihnen, wie in den spärlichen Stunden der Entspannung eine selbst gedrehte Zigarette. Viel hatten sie erlebt im Kampf mit dem Meer, und für sie war klar, dass eine eventuelle Modernisierung eine Erleichterung bedeuten würde, aber nicht eine endgültige Verbesserung ihrer Situation, die einen Fortschritt für sie und ihre Nachkommen mit sich bringen sollte.

Der Aufenthalt in Apulien verlief für die Deutschen weiterhin äußerst angenehm. Als endlich die Pässe in Lecce vorlagen, besorgten sie ihren künftigen Arbeitnehmern die Fahrkarten für die Reise nach Weeze. Nach den unzähligen freundlichen Begegnungen während dieser zwei Wochen, kam auch für sie der Abschied. Berührt, nach herzlichen Umarmungen und mit Tränen in den Augen, trennten sie sich und versprachen, wiederzukommen. Mit einem Koffer voller Souveniers steuerten sie die Heimreise an.

Ihnen folgten – versehen mit unzähligen guten Wünschen – Männer, die sich von ihren Frauen und Kindern verabschiedeten, Söhne und Töchter, die ihre Eltern verließen. Koffer aus Karton wurden verladen, und die Fahrt in die Fremde konnte beginnen. Sie wollten und sollten dort arbeiten, Geld verdienen und danach … zurückkehren.

Mit dem Segen des Priesters, der sie anwies, sich in Übereinstimmung mit der Lehre der Kirche zu verhalten und auf die sittlichen Werte zu achten, begann die Fahrt.

Tag für Tag, Wort für Wort schreibt der Mensch sein Schicksal
mit der dicken schwarzen Tinte des Lebens.
Zur gleichen Zeit schreibt Gott zwischen den Zeilen
mit einer Tinte, die noch unsichtbar ist.

Victor Hugo

IX. Ankunft in Weeze

Einer der ersten, die sich in dieser Zeit für die Reise nach Deutschland entschieden, war Franco Battolini. Was ihn dazu bewog, den Arbeitsvertrag so kurzfristig zu unterschreiben, obwohl er ein annehmbar bezahltes Handwerk ausübte, schildert er in seinen Erinnerungen:

„Ich bin gestern Abend für drei Wochen aus Deutschland gekommen und habe zu Hause eine Stange „Roth Händle" für dich. Komm doch am Abend vorbei!"

Diese Einladung ließ mich eher als gewohnt meine Arbeit in der Schreinerei für diesen Tag beenden. In Eile machte ich mich frisch, zog ein neues Hemd über und mehr laufend als gehend machte ich mich auf zum Haus meines Cousins. Nicht nur die versprochene Zigarettenmarke hatte er mitgebracht, sondern auch jede Menge Neuigkeiten. Unglaublich für mich und die anderen Verwandten waren seine Geschichten von der Arbeit in der Fabrik, vom traumhaften Verdienst und den unvorstellbaren Möglichkeiten, es auszugeben. Ich hörte zu und wusste nicht, ob ich ihm Glauben schenken sollte, bis er mich jäh aus meinen Träumen riss: *Das Leben in Deutschland ist schön, die Arbeit leicht, der Lohn reichlich. Wenn dir der Rücken schmerzt, gehst du zum Arzt, bekommst deine Medikamente und bleibst für einige Tage zu Hause im Bett. Der Lohn wird trotzdem weiter gezahlt. Und wenn du die Sprache nicht sprichst und verstehst, bist du frei von jeder Verantwortung. Du bist jung. Na, wie wärs mit dir?* Ich wusste nicht, was ich darauf antworten sollte.

In der Nacht träumte ich: Ein Weg lag vor mir und forderte mich auf, ihn einzuschlagen. Eben verlief er und ohne jedes Hindernis. Aber warum gerade ich? Wollte ich ihn überhaupt aufnehmen? Es ging mir gut. Ich mochte das Zusammenleben mit unseren Verwandten und Bekannten, die jahreszeitlichen Veränderungen und Feste. Mir gefiel die Arbeit in der vertrauten Umgebung des Dorfes. Wenn meine Mutter einmal im Jahr zur Tätigung wichtiger Geschäftsgänge in die fünfzehn Kilometer entfernte Kreisstadt fuhr, glichen ihre Vorbereitungen fast denen einer Weltreise. Irgendwo in der Ferne lag für uns die Stadt.

Wie weit musste dann erst der Weg nach Deutschland sein!

Ich sah im Traum meine Werkstatt mit der Hobelbank und den Werkzeugen. Eine Vitrine aus heimischen Hölzern gefertigt war zum Abholen bereit. Eine Truhe für die Aussteuer einer jungen Braut wollte kunstvoll verziert werden. Die Aufträge häuften sich nicht, aber es gab immer genug zu tun.

„Arbeit in Hülle und Fülle, im Akkord, an neuen Maschinen!", hörte ich meinen Cousin locken. Ich wachte auf und versuchte den Traum zu verdrängen, doch in der nächsten Nacht wiederholte er sich.

Es war kurz vor der Abreise meines Cousins, als es eines Tages wie ein Lauffeuer durchs Dorf ging: Deutsche sind gekommen! Zwei deutsche Männer sind angereist und wollen Arbeitskräfte für Deutschland anwerben!

Die Menschen strömten herbei, als ob es Zuchtpferde aus Arabien zu besichtigen gäbe. Voller Neugier ging auch ich hin, um die Fremden zu bestaunen. Was wollte sie ausgerechnet bei uns in Monteroni?

Sie standen auf der Piazza vor der Bar umringt von den Einwohnern, denen sie Arbeit versprachen bei einem guten Stundenlohn und angemessenen Ferientagen. In den Gesichtern ihrer Zuhörer wandelte sich das anfängliche Staunen zunehmend in Entschlossenheit. Aus ihren Aktentaschen holten die Deutschen vorbereitete Verträge, reichten sie zur Kenntnisnahme herum – nur die Unterschriften fehlten noch. Alles war bestens in die Wege geleitet: In Deutschland seien Zimmer eingerichtet, für Verpflegung würde gesorgt, die Reise bezahlt.

Viele unterschrieben ohne lange zu zögern, und ich war einer der Ersten. Dabei zu sein bedeutete, von der Gunst des Augenblicks zu profitieren, seine finanzielle Situation zu verbessern. Mich tröstete der Gedanke, dass ich zurück konnte in mein Dorf, zu meiner Arbeit, wenn die Bedingungen nicht meinen Vorstellungen entsprächen, denn ich liebte meine Arbeit und die Produkte, die ich herstellte, so wie jeder Handwerker eine liebevolle Beziehung entwickelt zu den Werken, die unter seiner Hand entstehen: Den Schreiner ehrte das Lob, das er für die Stabilität und künstlerische Gestaltung seiner Möbel erhielt; die Schuhe, die der Schuster fertigte, fanden tagtäglich bei den Dorfbewohnern aufgrund ihrer Qualität Bewunderung. Es gefiel ihnen, zu sehen, wie das, was sie herstellten, benutzt und geachtet wurde. Auch der Schmied brauchte für seine Eisengitter, Lampen und Aufhängungen kein Werbeplakat: Die Arbeiten im Dorf zeugten von seinem Können wie bei allen Handwerkern. In seiner kleinen Bottega oder auf der Straße arbeitend hatte jeder seinem Werk seine Prägung gegeben und die Einwohner hatten ihnen dabei zugesehen, sich von ihrem Können überzeugt.

Alles ging schneller, als wir dachten. Wir bekamen unsere Pässe und die Fahrt ging los. Ich wollte mein Leben sorgloser gestalten. Das verdiente Geld sollte mir zum Kauf neuer Maschinen dienen, die effektivere Arbeitsbedingungen schaffen würden.

Ich stellte mir vor, dass die, die blieben, glücklicher waren.

"Chi si accontenta, gode.", sagt ein Sprichwort.

Fast das ganze Dorf begleitete uns zum Bahnhof. Dort standen wir nun und warteten auf den Zug, der uns in die unbekannte Ferne bringen sollte. Die Koffer waren gefüllt mit unseren einfachen Kleidungsstücken und mit den

von den Frauen selbst gestrickten wollenen Strümpfen und Unterhemden für die kalte Jahreszeit. Manch einem fröstelte beim Gedanken an den bevorstehenden nordischen Winter.

Der Zug fuhr ein. Ein letzter Gruß, eine letzte Umarmung, ein Kuss, dann hieß es einsteigen. Tränen benetzten die Wangen der zurückbleibenden Frauen und Kinder. Die Türen des Zugs wurden geschlossen, und der Pfiff des Bahnhofsvorstehers brachte den Zug in Bewegung. Zum Aussteigen war es nun zu spät.

Zahlreiche Hände winkten zum Abschied. Jeder suchte mit den Augen seine Familie, prägte sich ihr Bild ein, das immer kleiner wurde und schließlich am Horizont verschwand.

Da saßen wir nun in unseren Abteilen und suchten nach Worten, um den Abschiedsschmerz zu überspielen.

Lange dauerte die Reise und schien nicht enden zu wollen. An den Fenstern glitt die heimische Landschaft vorüber. Langsam veränderte sie sich. Die ersten großen Städte erregten unsere Neugier. Doch mit der Zeit wiegte uns das gleichmäßige Rattern des Zuges in den Schlaf.

Weeze! Endlich waren wir bei den GEGE-Werken angekommen. Sogleich bezogen wir unsere Zimmer: Sechs Personen teilten sich einen Raum.

Es war ein Tag vor dem 1. November, vor Allerheiligen, und wir wurden gefragt, ob wir gleich mit der Arbeit beginnen wollten. Natürlich wollten wir das, auch wenn wir etwas befremdet waren. Allerheiligen ist in Italien ebenso wie in Deutschland ein Feiertag. Daheim bereiteten sich unsere Verwandten auf den Besuch der Gräber vor. Der Tradition folgend hatten die Toten in der Nacht für die Kinder Geschenke gebracht: Ritterfiguren aus Zuckerwerk und Früchte aus Marzipan warteten auf die erwartungsvollen Kinder in einem Körbchen auf den Schränken.

Für uns war Arbeit angesagt, und wir waren bereit, ganz gleich auf welche Art, so schnell wie möglich Geld zu verdienen.

Zu unserer Überraschung wurden wir, gerade als der Morgen graute und der Nebel noch die Sicht versperrte, vom Fabrikgelände weg auf den Friedhof geführt. Während der Nacht hatte es in der Fabrik in einem der Rohre einen Defekt gegeben und die Sägespäne hatten einen Teil der Gräber des nahen Friedhofs bedeckt. Nun wurde es uns zur Aufgabe gemacht, die Gräber in Eile zu säubern, bevor die ersten Besucher kamen. Ironie der Geschichte/des Lebens: Auch wir weilten bei den Toten und gedachten arbeitend unserer verstorbenen Angehörigen.

Es herrschte eine unheimliche Stille auf dem Friedhof. Auf den Gräbern war ein Stein eingelassen, der den Namen des Toten trug. Der Boden war mit Erde bedeckt und sorgfältig mit Blumen bepflanzt worden. Frische Sträuße und Kerzen zierten zusätzlich zum Fest die Anlage. Was fehlte, waren die aus der Heimat bekannten Totenhäuser, Marmorplatten und Fotos, die den Verstorbenen in Erinnerung riefen, so wie es in Italien üblich war. „Die Toten müssen

dort unten ziemlich ungemütlich und feucht liegen!", entwich es einem Kollegen in Anbetracht der Witterung an diesem Morgen.

Am nächsten Morgen begann für uns der Alltag. In den GEGE-Werken wurden wir auf alle Abteilungen verteilt. *Pugliesi*, *Siciliani* und *Calabresi* bemühten sich um eine Anpassung an die neuen Arbeitsbedingungen und zeigten mit Fleiß und jeder Menge Geduld Einsatz, damit aus dem Baumstamm ein Möbelstück entstehen konnte:

- an der Schermaschine, die Furniere minderer Qualität fertigte,
- an der Messermaschine, wo aus dem Stamm Furniere zur Veredelung anderer Furniere oder zur Verschönerung geschnitten wurden. Die Arbeit der Auswertung und Ausbesserung der Furniere hatten die Frauen zu übernehmen. Danach kamen die Furniere in die Rollentrockner, wo die Hitze dem Holz die Feuchtigkeit entzog,
- andere fanden Arbeit im Sägewerk, wo die angelieferten Stämme in Form geschnitten wurden, damit sie besser verarbeitet werden konnten,
- im Spänewerk, wo die Abfälle zu Spänen verarbeitet wurden, mit Leim vermischt, gepresst und anschließend auf Format geschnitten.

Der Akkord beanspruchte unsere ganze Aufmerksamkeit, die Arbeit war gefährlich. Ohne Ausnahmen wurden wir alle als Hilfsarbeiter eingestuft. Mir schien, als würde ich nur noch leben, um die Maschinen zu bedienen, sie diktierten den Rhythmus unserer Bewegungen, und die Hände brannten, wenn es galt die warmen Paneele zu stapeln.

Die Beziehung zum Holz, die ich in meiner Werkstatt gepflegt hatte, wurde hier zunichte gemacht. Dort war es ein gegenseitiges Kennenlernen, ein geduldiges Operieren, bis das Material die Form annahm, die ich in meiner Ideenwelt entwickelt hatte. Hier wurde mir durch die Maschine das Holz entfremdet. Das fertige Möbelstück und ich – wir standen in keiner Beziehung mehr zueinander. Die Maschine übernahm den größten Teil der Arbeit, ich fand in meiner Tätigkeit keinen Sinn. Ich war anonym, nur eine kleine Schraube in einem umfassenden Arbeitsprozess. Die Harmonie von damals war zerstört, es ging nicht mehr darum, mit dem Gefühl des Herzens dabei zu sein.

Als Gastarbeiter waren wir alle geladen worden zu kommen. Doch wie Gäste wurden wir nicht behandelt, und Privilegien wie die Fremdarbeiter im preußischen Königreich genossen wir auch nicht. Wir hatten eine schwere, eintönige, risikoreiche und zudem schlecht bezahlte Arbeit übernommen. Für eine solche Arbeit war ich nicht geschaffen. Ich nahm mir vor, die deutsche Sprache zu erlernen, meine Beziehungen zu den deutschen Mitarbeitern zu verbessern, um sie zu verstehen und mit ihnen ins Gespräch zu kommen. Jedoch wurde bei meiner Arbeit im Akkord und unter ohrenbetäubendem Lärm jegliche Form der Konversation unmöglich, dazu blieben nur die kurzen Pausen und die Freizeit.

Die Abende verbrachten wir in unseren Räumen. Während die einen an ihre Familien schrieben – immer die gleichen Worte wiederholend – oder

andere sich beim Kartenspiel die Zeit vertrieben, lag ich auf meinem Bett und lernte Wörter und Sätze, die ich, wann immer sich eine Gelegenheit bot, wiederholte und im Gespräch einsetzte.

Nach einem Jahr fühlte ich mich in der Lage, meine Sprachkenntnisse unter Beweis zu stellen und mich um eine bessere Stellung zu bewerben. Ich meldete mich beim Produktionsleiter. Er teilte mir eine neue Arbeit zu, und mein Gehalt wurde angehoben. Meine Beharrlichkeit hatte Früchte getragen.

Auch die Leistungen anderer Landsleute wurden ebenso wie die meinen anerkannt: Das Beherrschen der Sprache, Offenheit, die Bereitschaft, auf andere zuzugehen, hatten dazu beigetragen ebenso wie die Achtung vor dem Nächsten, die Fähigkeit, Verantwortung zu übernehmen, das „Sich-auf-den-Weg-machen".

Aufgrund seiner individuellen Voraussetzungen bekam jeder adäquate Arbeitsbedingungen und demzufolge einen höheren Lohn. Mir wurde die Aufgabe übertragen, die Möbel zu den Messen zu transportieren, sie in den Hallen aufzubauen, und zwar derart, dass sie sich dem Zuschauer attraktiv darboten und ihn zum Kauf einluden. War die Messe zu Ende, montierte ich alles wieder ab und bereitete die nächste Ausstellung vor.

Jetzt machte mir die Arbeit Freude, und ich war zufrieden.

Als ich nach einer solchen Verkaufsausstellung zurückkehrte, fand ich die Belegschaft in großer Aufregung vor. Ein schwerer Unfall hatte sich ereignet: Ein Baumstamm hatte sich vom Stapel gelöst und einen meiner Landsleute unter sich begraben. Seine Schmerzen waren schrecklich. Alle waren entsetzt darüber, dass so etwas hatte passieren können, und manche Erinnerungen an ähnliche Vorfälle wach gerufen.

Für die Italiener wurde das Leben insgesamt angenehmer. Wir erfuhren, dass nicht nur die Arbeit wichtig war. In der Freizeit wurde gefeiert, und die Weezer Bevölkerung bezog uns in ihre Feste und Festlichkeiten mit ein. Dabei lernten wir neue Menschen kennen und erlebten sie bei den Umzügen, beim Tanz und beim Singen ihrer Volkslieder. Sie waren lustig und lachten ebenso wie wir und waren bereit, Freundschaften zu schließen und den Nächsten zu respektieren.

Während meiner Zeit in der Fabrik wurde ich mit Schicksalen von Mitarbeitern konfrontiert, die ihr Hab und Gut verloren hatten, deren Verwandte und Bekannte oft auf schreckliche Weise und unter tragischen Umständen ums Leben gekommen waren. Es waren die Flüchtlinge aus dem Osten: Pommern, Böhmen, Schlesien, Ostpreußen. Alois Konigorski erzählte mir von einem Vorfall aus seinem abenteuerlichen Leben. Damals lebte er als 15-jähriger in Deutsch-Briesen (jetzt Brzezno) an der ehemaligen polnischen Grenze. Ende Januar 1945 näherten sich die deutschen Truppen seiner Heimat. Monatelang war im Radio zu hören, wie brutal die russischen Truppen die deutsche Bevölkerung misshandelten. Seitdem stand für ihn fest, in den Westen zu flüchten. Es wurde auch darüber gesprochen, dass aufgrund eines Befehls von

Die Familien Girardi, Curlante und Manca

Stalin alle deutschen Jungen ab 12 Jahren zu erschießen seien. Alois arbeitete zu jener Zeit als Posthelfer. Das Postamt wurde von einer Dame geleitet. Er hatte die Postdienste auszuführen. Zu dieser Zeit wurden der gesamte Zahlungsverkehr und der Telegrammdienst über die Post abgewickelt. Im Stillen hatte er geplant, mit dem Schlitten seiner Chefin zu fliehen. Auf den Straßen lag hoher Schnee. Die Wege waren glatt und vom Wind zugeweht. An Hand der Bäume orientierten sich die Einwohner am Straßenverlauf. Da das Postauto nicht mehr fahren konnte, machte er sich mit dem Schlitten auf den Weg, um am Bahnhof die Postsendungen abzuholen.

In der Nähe des Bahnhofs stellte sich ihm ein holländischer Offizier der SS in den Weg.

„Junger Mann, kann ich deinen Schlitten haben?"

„Was bekomme ich dafür?!", kam prompt die Gegenfrage.

„Komm mit in die Schule, ich hab was für dich." In der für militärische Zwecke umfunktionierten Schule hingen in seinem Raum ein dicker Militärmantel, ein Karabiner italienischen Fabrikats und 95 Schuss scharfe Munition.

„Ich gebe dir den Karabiner und die Munition." Die Augen des Offiziers trafen seinen Blick. Den Mantel konnte Alois für seinen Plan gut gebrauchen. Er sollte ihn vor der heftigen Kälte schützen, das Gewehr gegen eventuelle Überfälle.

„Ich möchte auch den Mantel haben."

Der Offizier gab ihm das Geforderte, und er erhielt den Schlitten. Nachdem der Tausch zu seiner Freude gelungen war, setzte er sich mit dem Bahnhofsvorsteher in Verbindung. Dieser versprach, für den Fall, dass ein Zug vorbeikäme, diesen für ihn anzuhalten.

Alois wohnte 200 Meter vom Bahnhof entfernt. In einem Sack hielt er alles bereit, was er mitnehmen wollte. Vor allem warme Wäsche und das Notwendigste zum Essen. Schon am nächsten Tag rief der Bahnhofsvorsteher in der Post an: Ein Zug zum Militärtransport wartete beim Einfahrtssignal. Nun lag es an ihm, einzusteigen und den Weg zu wagen. Könnte er vielleicht für einen Spion gehalten werden?

Der Lokführer, der ihn aufnehmen sollte, war überrascht: „Wohin willst du?" Die Antwort erstaunte ihn. – „Wenn du mutig genug bist, kannst du auf die Lok klettern!" – „Danke." Heute weiß er nicht mehr, wie er es schaffen konnte, über die steile Leiter auf das Dach zu klettern. Als er oben angekommen war, sah er, wie der Bahnhofsvorsteher das Zeichen zur Weiterfahrt gab.

Alois machte es sich auf seinem Sack bequem. Er erzählte mir, dass er zwei Anzüge übereinander trug, zwei Mäntel, die ihn vor Kälte und Regen schützen sollten, ein Paar hohe gefütterte Stiefel, die die Füße trocken hielten. Eine Mütze aus Wolle wärmte den Kopf. Der Zug bewegte sich langsam und mit Getöse. Der Dampf der Lokomotive hüllte ihn ein. Die heimatliche Umgebung entschwand seinen Augen.

Nach einiger Zeit stellte er fest, dass seine Beine bis zum Rumpf hin ohne jegliches Gefühl waren.

Der Lokomotive hing ein Wagen an mit einem Flakgeschütz. Zwei Soldaten hielten sich dort auf, sie sollten die Flugzeuge beobachten. In einer niedrigen Hütte hatten sie ihre Sachen untergebracht. Als die Männer ihn bemerkten, wie er blau und frierend dort oben hockte, riefen sie ihm zu: „Komm runter, versteck dich in unserer Hütte!" Und als er nach seinen Habseligkeiten griff, fügten sie hinzu: „Lass alles oben, es wird nichts verloren gehen."

Mit Vorsicht kletterte er über das Gestänge, ergriff dankbar die Hände, die sich ihm entgegenstreckten und stieg auf den Wagen. Das war seine Rettung. Bei diesen Temperaturen wäre er oben mit Sicherheit erfroren. Seit dieser Begebenheit und während seiner weiteren Flucht bis Lübeck, die fünf Tage dauerte, war er sicher, dass Gott seine schützende Hand über ihn gehalten hatte – so erzählte er mir hin und wieder, wenn wir zusammensaßen.

Seine Äußerung: „Holzauge, sei wachsam!", war typisch für ihn, wenn neue Umstände, neue Lösungen auf ihn warteten. Seitdem fühlte er sich geleitet und getragen.

Später, als er in den GEGE-Werken ebenso wie ich Arbeit fand, wurde ihm von schadenfrohen Arbeitskollegen vorgeworfen: „Flüchtlinge können alles bekommen, nur kein Heimweh."

Alois Konigorski

Heinrich Sosnowski erzählt V. Sacco von seinen italienischen Kolleginnen in der Thermometerfabrik Künzel

Man soll ein Problem
ohne Vorurteil und Gewohnheit betrachten,
dann zeigt es von selbst seine Lösung.

Gauß

X. Im Zeichen der Emanzipation

Und dann versuchten die jungen Frauen, sich zu emanzipieren. Wenn schon die Männer das Abenteuer wagten und in den Norden aufbrachen, um Neuland zu erkunden, neue Eindrücke zu sammeln, vor allem aber um den Lebensstandard zu verbessern, warum sollten sie jetzt die anstrengenden, mühevollen Arbeiten auf den Feldern verrichten? Die Ferne lockte und einen erheblichen Beitrag leisteten die Erzählungen und die Briefe, die aus Deutschland von den Familienangehörigen eintrafen.

Eine der Ersten, die versuchte, ebenso wie die Männer Deutschland für sich zu erobern war Immacolata Romano. Sie wurde als viertes von acht Kindern geboren. Im Sommer half sie, so wie es üblich war, den Eltern bei der Arbeit auf den Feldern. Im Winter versuchte sie, nebenher noch einen Beruf zu erlernen. Zu diesem Zweck ging sie zu einer Schneiderin in die Lehre.

Ihr Bruder Mario Cordella gehörte zu den ersten aus dem Dorf, die als Arbeiter nach Deutschland gegangen waren. Nach einiger Zeit erhielt die Familie einen Brief, in dem er sie einlud, nach Weeze zu kommen, denn bei den GEGE-Werken gäbe es Arbeit, mit der man gutes Geld verdienen konnte. In der letzten Zeit hatten viele gute Handwerker das Dorf in Richtung Deutschland verlassen. Vor allem Schreiner fehlten und junge Arbeitskräfte. Die Last der Arbeit auf dem Feld, die bis jetzt von allen verrichtet worden war, fiel nun auf die unerfahrenen jüngeren Geschwister und auf die Alten.

Während es von den Eltern noch akzeptiert wurde, dass die Söhne die Familien verließen, um mit dem im Ausland verdienten Geld die wirtschaftliche Lage zu verbessern, war es für sie unvertretbar, ihre nicht verheirateten Töchter gehen zu lassen, so wie einige es vorhatten.

Als die Tochter vor dem Vater stand, klopfte ihr Herz vor Erregung so stark, als drohte es zu zerspringen. Zum ersten Mal wollte sie einen Schritt wagen, der gegen seinen Willen war. Zitternd vor Aufregung und blass vor Furcht trug sie ihr Anliegen vor.

Er war außer sich vor Wut, als er erfuhr, dass sie mit ihrer Schwägerin beschlossen hatte, nach Deutschland zu fahren.

„Fehlt euch hier bei mir irgendetwas? Habe ich bis heute nicht gut für euch gesorgt? Ich möchte, dass ihr bleibt!"

In den nächsten Tagen gab er ihnen zu verstehen, dass er keine Freude mehr an ihnen hatte und vermied es, mit ihnen zu sprechen. Stattdessen versuchte die Mutter, ihn bei Laune zu halten und versicherte: „In ein paar Jahren wird alles wieder beim Alten sein. Und mit dem Geld, das sie verdienen, können wir

für eine gute Aussteuer sorgen." Es half nichts. Er blieb fest und hart bei seiner Meinung und empfand es als Schande, dass die Tochter vorhatte, „ins Exil" zu gehen, „ins Exil", unterstrich er wiederholt.

„Kein Land ist Ort der Verbannung, sondern eine andere Heimat." – „Nulla Terra exilium est, sed altera patria est." (Seneca)

Immer fand er neue Ursachen seine Unzufriedenheit zur Schau zu stellen: Das Essen schmeckte ihm nicht mehr, seine Kleidungsstücke waren unauffindbar verschwunden. Oft verstanden sie nicht, wovon er gerade sprach, und die Missverständnisse wuchsen. Seine Tochter betitelte er als gefühllos mit einem Leib ohne Herz. Doch je mehr er sich aufregte, desto intensiver spürte die Tochter, wie sehr er sie von ganzer Seele liebte und alles darin setzte, dass sie nicht wegging.

Tochter Neumann, Pia Pellè, Sohn Neumann, Ada Pellè, Frau Neumann

v.r.n.l.: Frau Barba mit Gatte, Frau Manca mit Landsleuten

Allerdings – die Fahrkarten waren bestellt, die Pässe lagen in Lecce bereit und der Tag der Abfahrt rückte immer näher. Plötzlich überfiel den Vater hohes Fieber, er begann heftigst zu husten – der Arzt musste gerufen werden. Dieser empfahl seinem Patienten Malventee zu trinken und mit Salbei zu gurgeln, um schnell wieder zu gesunden.

Am Tag der Abreise umarmte er seine Tochter und ermahnte sie sogleich zurückzukehren, wenn die Arbeit zu schwer oder zu eintönig wäre oder die Menschen dort nicht herzlich genug.

Und so fuhr im Dezember 1962 eine kleine Gruppe junger befreundeter Frauen unter ihnen Pia und Ada Pellè gemeinsam mit einigen weiteren Dorfbewohnern vom Süden Italiens aus nach Weeze.

Es war eine lange und beschwerliche Reise. Nach zwei Tagen erwartete sie nicht die milde Sonne Apuliens, sondern Kälte und Schnee. Herr Neumann und ein Verwandter holten sie am Gelderner Bahnhof ab und luden sie zum Frühstück in ein Restaurant in der Nähe von Schloss Wissen ein. Später ging es weiter zum GEGE-Gelände, wo die Männer in die bereits bestehenden Unterkünfte eingewiesen wurden. Die Frauen wurden im Haus Herrlichkeit 17 untergebracht und fühlten sich zum ersten Mal im Leben frei.

Die fremde Sprache war das einzige Hindernis, sich problemlos im Ort zu bewegen. Aber die Leute, vor allem die in der Fabrik, hatten viel Geduld. Und wenn am Anfang aufgrund der sprachlichen Unkenntnisse häufig Fehler gemacht wurden, lachte man am Ende gemeinsam mit den deutschen Kollegen über die Missverständnisse. Es wurde von Beginn an ein Gefühl des Entgegenkommens verspürt.

Glücklich war ein jeder, als er sein erstes selbstverdientes Geld ausgezahlt bekam. Damit wurden am Wochenende voller Freude die deutschen Lokale besucht. Die deutschen jungen Männer verfolgten die dunkelhaarigen temperamentvollen Italienerinnen nicht nur mit Blicken. Im Ratskeller am Markt wurden mit viel Gelächter und unter Zuhilfenahme von Zeichen und Gesten die ersten Worte gewechselt und Kontakte geknüpft.

Leben heißt, die Wahl zu treffen,
auf ein wildes Pferd zu steigen.

Kierkegaard

XI. Auf Umwegen nach Weeze

Im gleichen Jahr wie Immacolata Romano fühlte sich auch Mario Attanasio von den Werbungen aus Deutschland angelockt, den Weg in die Ferne anzutreten. Als junger Bursche von 17 Jahren trat er seine abenteuerliche Reise an. Zuvor war ihm bei den unterschiedlichsten Untersuchungen bescheinigt worden, dass sein Gesundheitszustand zufriedenstellend sei.

rechts im Bild: Mario Attanasio

Die Fahrt brachte ihn über Köln ins Ruhrgebiet, die vielversprechenden Verdienstmöglichkeiten unter Tage hatten es ihm angetan, denn nicht immer hatte seine Familie gute Zeiten erlebt. Im Bergbau traf er gleich auf ähnlich gesinnte Landsleute. Doch er fühlte sich fremd unter ihnen, denn deren Dialekt verstand er nur mit einiger Mühe. Sie stammten aus Sardinien und hatten einige Zeit im Kohleabbau in Carbonia unter schlimmsten und gefahrvollen Bedingungen zum Teil mit ihren Familien gearbeitet. Carbonia war 1938, nachdem man zwei Jahre zuvor außergewöhnlich ertragreiche Kohlevorkommnisse entdeckt hatte, von Benito Mussolini erbaut worden und weist die typischen Elemente einer faschistischen Stadt auf: im Zentrum die Häuser der Direktoren, anschließend die Herrenhäuser der Angestellten, während die einfachen Arbeiter an der Peripherie siedeln durften. Die hier gefundene Kohle stellte zur Zeit des Faschismus den einzig verfügbaren Brennstoff für Italien dar. Nach der Wiedereröffnung des internationalen Marktes erhielt die Kohle dieses Gebietes Konkurrenz aus anderen Ländern. In dieser Krisensituation wanderten viele aus und konnten beispielsweise im Ruhrgebiet ihren erlernten Beruf ausüben. Die Schutzmaßnahmen und Vorschriften in Deutschland erklärten sie Mario, dem dies alles nicht bekannt gewesen war und der ihnen staunend zuhörte, wären erheblich besser gegenüber denen in ihrer Heimat

Mit der Zeit lernte Mario Attanasio den Dialekt der Sarden besser zu verstehen und sie nahmen ihn als Kumpel an. Nach der schweren Arbeit unter Tage ruhten sie sich in den für sie geschaffenen Baracken aus oder sie trafen sich auf den Bahnhöfen, boten einander ihre selbst gedrehten Zigaretten an und schauten voller Sehnsucht den Zügen nach, die den Süden als Ziel anstrebten.

Dann geschah das Schreckliche: ein Sarde war im Moment einer Unachtsamkeit zwischen zwei Loren geraten. Durch den ganzen Stollen war sein gellender Schmerzensschrei zu hören. Gemeinsam mit den Kollegen lief Mario Attanasio in die Richtung aus der die Rufe kamen. Schwarz und bis zur Unkenntlichkeit entstellt sah er vor sich den Tod. Das Gesicht des Verunglückten war von Blut verschmiert, seine Hände, die sich Hilfe suchend ihnen entgegenstreckten waren von den messerscharfen Kanten zerquetscht worden, sein Körper von einer Zange zerdrückt. Der Anblick versetzte ihn in panische Angst – er fühlte sich zum ersten Mal in seinem Leben gefangen in dieser unterirdischen Welt, unfähig sich in die rettende Freiheit zu begeben rang er nach Luft. Er wurde ohnmächtig.

Als er wieder zu sich kam, begab er sich sogleich ins Büro, verlangte nach seinen Papieren und dem noch ausstehenden Gehalt. Er musste weg von dort. Seine Papiere wurden bereit gestellt, die Reise nach Italien vorbereitet. Seit diesem Vorfall begann er in seinem Heimatort für ein erheblich geringeres Gehalt als Hilfsmaurer zu arbeiten.

Ihm wurde auch diesmal bewusst – in Deutschland gab es schon Vorteile. Der Lohn war höher und wurde pünktlich an jedem Ersten auf die Hand gegeben. In Italien musste er dem wenigen Geld, das ihm zustand, wochenlang hinterherlaufen, bis die Auftraggeber endlich bereit waren zu zahlen.

Allerdings ereigneten sich in Deutschland keine Wunder – im Ort war das anders. Dort passierte es gelegentlich, dass durch seltsame Fügung unerklärliche Dinge geschahen: So geriet ein kleiner Junge beim Aufsteigen auf einen Pferdewagen in die Speichen des Rades. Die Ärzte stellten sofort fest, dass das Bein gebrochen sei und zwar derart, dass es amputiert werden sollte. Die Mutter stimmte diesem Eingriff nicht zu: Lieber ein totes Kind als ein Kind ohne Bein! Das war ihre Einstellung. Ein Hirte, dessen heilende Kräfte bekannt waren, wurde gerufen. Genauestens besah er das verletzte Kind und richtete mit seinen Händen das Bein solange, bis es für ihn die richtige Position hatte. Dann befestigte er um den Bruch zwei Holzplatten, die der Schreiner nach seiner Anweisung auf der Stelle anfertigte. Einmal in der Nacht träumte der Junge von zwei Ärzten, die sein Bein wieder auswickelten, massierten, richteten und verbanden. „Halte das Bein so verbunden, bis du wieder laufen kannst und lass niemanden dran!" Am nächsten Tag erzählte er der Mutter von seinem Traum. Die Mutter brachte ihn zur Kirche. Vor den Figuren der beiden heiligen Ärzte Cosmas und Damian blieb der Junge voller Staunen stehen, deutete auf sie und rief aus: „Das sind die Beiden, sie haben mein Bein wieder hergerichtet!" Ergriffen

und voller Dankbarkeit legte die Mutter ein Gelübde ab: Der Feier der beiden Heiligen beizuwohnen solange sie lebte.

Mario war sicher: Solche Wunder gibt es in Deutschland nicht. Der Tod kommt unerwartet oder man wird zum Krüppel gemacht.

Dennoch machte er sich schon bald zum zweiten Mal auf den Weg in den Norden. Werber waren ins Dorf gekommen und suchten nach Arbeitskräften für einen Ort am Niederrhein: Weeze. Eine holzverarbeitende Firma benötigte dringend Arbeitskräfte. Die Versuchung mit einem regelmäßigen Einkommen sein Leben zu gestalten war groß.

„Werden auch Maurer gesucht?", fragte er einen der Werber, Herrn Mertens.

„Maurer? Selbstverständlich! Certamente, anche muratori!"

„Nun, als Maurer könnte ich mein Glück noch einmal versuchen", meinte er und auch sein Bruder war bereit, mit ihm zu fahren, vor allem als er erfuhr, wie hoch sein Verdienst sein würde.

Herr Mertens freute sich über den kräftigen jungen Mann, der einigermaßen die deutsche Sprache beherrschte.

Und so erreichte Mario mit anderen Ortsbewohnern erneut Deutschland, um dort als Maurer seinem Gewerbe nachzugehen.

Man muss das Leben nicht schaler machen,
als es ist.

Von Hofmannsthal

XII. Heimatliche Genüsse erfordern eine gute Schreinerarbeit

Es war an einem Tag im Oktober. Maestro Pippo musste in Kürze seine Schicht beginnen. Er hatte ein wenig die freie Zeit genossen. Gemächlich schlenderte er zum Wohnheim, das für ihn und seine Landsleute zu einer Art zweiten Heimat geworden war. In Gedanken weilte er bei seiner Familie, sah ihre vertrauten Gesichter vor sich und ein inniges Verlangen nach ihrer Nähe, nach ihren Berührungen entflammte in ihm. Wie hatte er sie damals verlassen können! Sie hatten versucht, ihn davon zu überzeugen zu bleiben, hatten ihm erklärt, dass Bäume, deren Wurzeln tief mit der heimatlichen Erde verwachsen sind, sich nicht an andere Orte verpflanzen lassen. Doch er hatte beschlossen, es neu zu versuchen, denn mit 45 Jahren fühlte er sich kräftig und lebendig genug. Und als dann die Untersuchungen in Neapel ihm eine Eignung bescheinigten, nahm er sie mit Stolz und Zufriedenheit an.

Eine Träne löste sich aus seinen Augen, schnell wischte er sie mit dem Taschentuch weg, denn er hatte das Wohnheim erreicht, in dem die Kollegen auf ihn warten würden. Und ein Paket! Sein Landsmann Mario, ein kräftiger junger Bursche, war vor einigen Tagen aus dem Urlaub zurückgekehrt. Er kam aus dem gleichen Ort wie er selbst und seine Angehörigen hatten ihm neben vielen guten Wünschen einige „Kleinigkeiten" für Pippo mitgegeben. Am Ende hatten sie sich zu einem ausladenden Paket zusammengesetzt. Aus diesem roch es verführerisch nach würziger Salami und Mortadella, nach herzhaftem Käse. Ein Glas mit eingelegten Auberginen war zu erahnen. Beim Gedanken an diese Schätze lief ihm das Wasser im Mund zusammen. Sorgfältig hatte er den Karton in seinem Schrank in der Schlafstube eingeschlossen. Den Kollegen, die sich auf ihren Betten entspannten, hatte er erklärt, er hätte dicke Socken und Unterhemden aus der Heimat bekommen. „Als ob wir am Nordpol wären", fügte er fast entschuldigend hinzu.

Da Schichtwechsel war, musste er sich umziehen, stieg in seine Arbeitsmontur, verschloss sorgfältig den Schrank und begab sich zur Arbeit.

Gegen 22 Uhr kehrte er in das Ledigenwohnheim zurück. Ein Wohlgeruch kam ihm aus der Küche entgegen, und seine Nase – obwohl gefüllt vom Staub der Holzplatten- nahm ihn begierig auf. Eilends wusch er sich, legte seine Arbeitstasche auf dem Bett ab, sein Blick fiel auf den Schrank, er war gut verschlossen, wie es sein sollte und gesellte sich zu den andern in der Küche. Die

hatten schon am Tisch Platz genommen: Antonio, Francesco, Tonino, Mario, Giuseppe und andere.

„Komm rein Maestro Pippo", rief Antonio gut gelaunt. „Komm, setz dich zu uns, du fehlst wie der Käse auf den Maccheroni."

„Oh, hier riecht es so gut wie bei uns zuhause." Sein Blick glitt über die Tischplatte: Käse gespickt mit Pfefferkörnern, Mortadella angereichert mit grünen Pistazien, Salami reich an Fenchel, Auberginen eingelegt in Öl aromatisiert mit Knoblauch und Basilikum, frisches Bauernbrot in Scheiben geschnitten lag auf einem Teller bereit.

Chi mangia in compagnia, vive in allegria! (Wer in Gemeinschaft speist, lebt in Heiterkeit!) – Ben detto!

Als er Platz nahm, fiel ihm spontan eine Begebenheit ein, die sich vor nicht zu langer Zeit zugetragen hatte.

„Der Duft erinnert mich an damals." – „Wie meinst du das?", wollten die anderen wissen.

„Erinnert ihr euch nicht? Da saßen wir hier am gleichen Tisch zusammen, wir bereiteten zwei Kaninchen zu, die wir aus dem Käfig des Wachtmeisters gestohlen hatten." Alle lachten. „Das Fleisch war äußerst zart mit einem Hauch von Rosmarin und Knoblauch!" Tonino fügte hinzu: „Und der Wachtmeister, als er uns beim Essen antraf, konnte der Einladung nicht widerstehen. Er nahm zwischen uns Platz, aß mit uns, trank unseren Wein und genoss ein Stück vom herzhaften Käse. Und zum Abschluss servierte er uns wie ein Wirt die Rechnung für seine Kaninchen."

„Ein Polizist mit Humor und Menschenkenntnis, solche findest du selten", fügte Tonino hinzu. „Nun wollen wir aber zugreifen!" Alle aßen mit großem Appetit. Der Wein hob die Stimmung und überdeckte den Hauch von Melancholie, der über allem gelegen hatte. Scheiben von Wurst und Käse lagen auf den Tellern. Diese Mahlzeit war ein beglückendes, behagliches Erlebnis.

„Erkennt ihr die Kräuter, ihre kräftigen Aromen?" Antonio nahm ein Stück vom Hartkäse, brachte es bis vor seine Nasenspitze und nahm den intensiven Duft begierig auf.

„So werden die Toten lebendig."

„Jetzt fehlt nur noch eine duftende Melone als Nachspeise."

„Nun, die Perfektion werden wir nie erreichen. Wie sind zufrieden damit, wie sich alles entwickelt hat, sodass wir hin und wieder die Zeit nutzen können zum Genießen."

„Dieser Wein aus Apulien ist ein Gottesgeschenk."

„Freunde!", rief Mario aus „wir haben alle einen großen Fehler gemacht, als wir in die Züge gestiegen sind, die uns in diese fremde Umgebung brachten. Was machen wir den ganzen Tag? Arbeiten, wie die Esel, die das Rad drehen. Wir werden ausgenutzt!"

„Im Grunde hast du recht, wenn ich daran denke, wie wenig Lohn ich bekomme für die Schufterei, die ich leiste!"

„Hinzu kommt die Gefahr, die uns wie ein Schatten verfolgt. Schon jetzt sind zwei von unseren Freunden betroffen: einer hat einen Arm, der andere ein Bein verloren."

„Und der Holländer, der in die Säure gefallen ist und sein Leben verloren hat? Keiner konnte ihm helfen."

„Auf jeden Fall werden wir nicht lange hier bleiben. So ein bis zwei Jahre und dann schnell weg!"

„Seit ich mich erinnern kann", erzählt Maestro Pippo, „arbeitete ich in einer Schreinerei. Mit sechs habe ich angefangen gleich nach dem Unterricht. Damit ich mehr Geld bekommen kann, will das Büro nun eine Bescheinigung sehen. Sehen sie nicht meine Arbeit? Ich bin als Hilfsarbeiter eingestuft, obwohl ich die besten und schönsten Möbel im Dorf angefertigt habe. Die Meister hier haben keine Ahnung. Sie wissen nur, wie die Knöpfe an Maschinen gedrückt werden, aber von der Holzverarbeitung haben sie keine Vorstellung." Er zündete sich eine Zigarette an und inhalierte in tiefen Zügen den Rauch. Die anderen folgten seinem Beispiel und schon bald war der Raum in eine Wolke von Rauch gehüllt.

„Um uns herum gibt es nur Blutegel!", seufzte Mario.

„Ach was, um uns herum ist nur ein dichter Nebel aus Rauch", gab Maestro Pippo als Nichtraucher zurück.

„Hören wir auf mit diesem Gejammer! Wir haben unseren Entschluss getroffen", brachte Giuseppe das Gespräch wieder zum Thema.

„Und warum lässt ausgerechnet du deine Familie nachkommen?"

„Ganz einfach, sie brauchen und sie suchen noch mehr Arbeiter. Meine Frau und die Kinder werden angenommen, so können wir gemeinsam die Summe, die wir brauchen, erreichen und dann schneller nach Hause fahren, um ein neues Leben zu beginnen."

Um auf andere Gedanken zu kommen, entschied Antonio: „Maestro Pippo, am Ende ist jeder frei zu entscheiden, ob er hier oder in Italien arbeiten will. Es ist spät geworden. Morgen früh müssen wir um 6 Uhr am Arbeitsplatz sein und die Augen müssen hellwach sein, wie bei einem Luchs." Die Aschenbecher quollen fast über. Antonio öffnete das Fenster, um den Zigarettenrauch hinauszulassen. Der Herbstwind blies ihm ins Gesicht und kündigte den nächsten Winter an. Die Essensreste brachten sie im Kühlschrank unter, das Aufräumen verschoben sie auf den nächsten Tag.

Schon früh am Morgen um 5 Uhr war Leben in der Küche. Die erste Schicht machte sich bereit für den Dienst. Kaffeearoma breitete sich aus und erreichte auch die Schlafräume. Der eine oder andere stand auf, um den Genuss auch zu schmecken. Der Schlaf war in dieser Nacht für alle kurz gewesen. Auch Maestro Pippo erhob sich, zog sich an und begab sich in die Küche, um die Einladung zu einer ersten Tasse Kaffee anzunehmen.

„Buono, molto buono", wiederholte er. Als er allein war, kehrte er in den Schlafraum zurück. Er öffnete das Schloss, mit dem sein Schrank verschlos-

sen war. Vorsichtig entnahm er das Paket. Er wunderte sich, wie leicht es war. Nachdem er die Schnur entfernt hatte und den Deckel anhob, stellte er fest, dass es nur zur Hälfte gefüllt war mit zwei Stücken Salami, Salsicce und einem halben Käse mit Pfeffer. Dabei lag der Brief seiner Frau, die ihm geschrieben hatte. „Ich schicke dir drei Stücke Salami, einen Provolone, ein Stück Käse zum Reiben und Wurst". Was danach folgte, ist uninteressant.

Vom Provolone hatten alle am Abend probiert und von den selbstgemachten Würsten und der Salami ebenfalls. „Es nutzt nichts, dass ich mich aufrege", sprach er zu sich. Er kontrollierte noch einmal das Schloss. Wie können sie an den Inhalt gelangt sein? Alles war intakt und unbeschädigt, auch die Türen.

„Gute Schreinerarbeit", dachte er bei sich, „eine wirklich gute Schreinerarbeit." Gelassen nahm er den Verlust in Kauf, hatten sie doch gemeinsam einen angenehmen Abend verbracht.

Donnez-moi de la semplicité.

Verlaine

XIII. Der Alltag in der Fabrik und ein wenig Heimweh

In Weeze bei den GEGE-Werken ging mittlerweile alles seinen alltäglichen Weg:

Antonino Sinatra erzählt:

Gleich beim Schichtwechsel begann frühmorgens in den Unterkünften der Lärm. Noch im Halbschlaf streckten und reckten sich die Einen im Bett mit den Beinen nach außen und versuchten, mit den Füßen pendelnd oder mit den Fersen über den Boden oder die Matratzen scharrend eine Art Morgengymnastik. Sie gähnten laut und herzzerreißend und versuchten auf diese Weise den Druck im Inneren los zu werden. Nachdem sie mit den geschlossenen Händen die Augen gerieben hatten, hieß es wirklich aufstehen und sich zum Waschraum begeben. Aus den Schränken holten sie die Kulturbeutel mit dem Waschzeug, irgendwo im Raum hingen die Handtücher noch klamm vom Vortag. Und dann begann das Gedränge auf dem kurzen Flur, um den Waschraum zu erreichen. Leise summend oder auch laut singend verrichteten sie ihre morgendliche Tätigkeit:

L'Italia è piccolina	*Italien ist klein.*
C'è gente in quantità	*Menschen gibt es in Fülle.*
e questa è la rovina	*Und das ist der Ruin,*
che non si può campar.	*weshalb man dort nicht leben kann.*
Ognuno vuole andare all'estero si sa,	*Jeder, das ist bekannt, will ins Ausland fahren,*
e lascia la famiglia, di casa se ne va.	*verlässt die Familie, geht weg aus seinem Haus.*
Guadagna il pane sì,	*Ja, er verdient sein Brot,*
ma perde la felicità…	*aber er verliert das Glück. …*

Michele hatte für einen kleinen Zeitraum Ruhe, um mit sich allein zu sein. Er nahm das Bild seiner Tochter aus der Brieftasche und sprach mit ihr. Er fragte sie, wie es ihr gehe, was sie geträumt habe, ob sie auf die liebe Mama gut aufpasse. Was die Lehrer in der Schule gesagt hätten. Und er erzählte auch von sich, was er während seiner Schulzeit erlebt hatte, wie er bestraft worden war, weil er nicht zügig lesen konnte, weil seine Fingernägel schwarz waren, denn er musste seinem Vater oft bei der Arbeit auf dem Feld helfen, wovon der Lehrer nichts wissen wollte. Jedes Gespräch verlief wie eine kleine Andacht, wie ein rituelles Gebet. Später erst gesellte er sich zu den anderen in den Duschraum.

Das Bad genoss jeder nach Lust und Laune mehr oder weniger ausgiebig. Hinterher zog man sich an, und dann führte der Weg in die Küche, die der

Duft des frisch aufgebrühten Kaffees erfüllte, den die Frühaufsteher zubereitet hatten. Während die Einen gleich mehrere Tassen Kaffee genossen, bereiteten sich andere ein herzhaftes Frühstück zu. Der Rauch der ersten Zigarette des Tages vermischte sich mit den Aromen von Käse und Salami, zum Teil aus der Heimat mitgebracht. So konnte sich diese Schicht nun gestärkt auf den Weg zur Arbeit machen, wohingegen die andere zurückkehrte. Auf den Fluren und Treppen gab es bei den Begegnungen ein leises Flüstern, ein kurzes Grüßen, Wortfetzen wechselten im Vorübergehen.

Zu diesem Zeitpunkt befanden wir uns in jeder Hinsicht in einer Atmosphäre des Aufbruchs. Voller Zuversicht schauten wir in die Zukunft. Wir arbeiteten hart. Das Notwendige schickten wir nach Italien zu den Familien, die über uns auch versichert waren, und die die Vorteile nutzten, die ihnen zustanden. In den Gemeindeverwaltungen des Südens waren zahlreiche Beamte nicht mit den neuen Regelungen vertraut, oft entstanden Missverständnisse, die Wutausbrüche hervorriefen. Langsam lernten die Verwaltungen, sich auf die neue Situation einzustellen, z.B. darauf, dass es Krankenversicherungen gab und die Medikamente oder der Arzt vom Patienten nicht selbst gezahlt werden mussten. Die Umstellung verlangte Zeit und gute Nerven.

Ich wartete darauf, dass der Waschraum sich leerte. Michele betrachtete noch immer das Bild seiner Tochter.

Er wandte sich mir zu: „Als ich noch zu Hause war, hat sie mir viele Fragen gestellt. Für sie war ich in jedem Augenblick präsent. Ich spürte, wie das Blut durch meinen Körper floss und das Wasser des Meeres ihn benetzte: Ich lebte, indem sie mich dauernd fragte." Voller Vertrauen gestand er mir: „Ich liebte sie sehr, ich liebe sie sehr."

„Das ist verständlich. In einigen Monaten wirst du sie wieder umarmen und diesen Moment mit Begeisterung erleben."

„Die Zeit, in der ich nicht bei ihr war, werde ich nicht mehr zurückholen können. Es ist, als hätte ich umsonst gelebt. Verstehst du, was ich sagen will? Sie stellte mir die Fragen, und ich antwortete oder umgekehrt. Während dieser Zeit ist eine Liebesbeziehung zwischen uns entstanden durch die Kommunikation zwischen uns."

„Nun sieh, deine Tochter wird ihre Fragen jetzt an ihre Mutter, an die Großeltern richten …"

„Aber eben nicht an mich. Das Miteinander ist unterbrochen worden. Sie wird mir eine fremde Person werden, und ich werde für sie auch wie ein Fremder sein. Und wofür? Für Geld und Einsamkeit."

„Mit dem Geld, das du verdienst, hat sie bessere Möglichkeiten, zum Beispiel kann sie studieren."

„Du verstehst mich nicht."

„Na gut, Weihnachten kehren wir wieder nach Hause zurück. Dann bleibt dir nur eins: Dort zu bleiben bei deiner Familie, wenn du es ohne sie nicht aushalten kannst. Es war deine freie Entscheidung, das Land und die Familie

Fritz Geenen mit seinem Sohn

zu verlassen."

„Da stimme ich dir nicht zu. Die Regierenden wollen sich von uns befreien. Wir haben blind und stumm wie Fische am Angelhaken angebissen. In unserer dramatischen Lage ohne eine Lira in der Tasche fanden wir die Rettung darin auszuwandern. Wir schicken unsere hart verdiente Mark den Familien und dies wiederum kommt beim Einkauf der Industrie im Norden zugute. Das Geld fließt uns aus den Händen wie das Wasser, das uns wäscht.

Für die Regierung gab es den festen Entschluss, die Emigration nach Deutschland zu erleichtern mit den Anwerbeverträgen, um dadurch die Arbeitslosigkeit und die Gefahr neuer Aufstände zu verhindern. Und noch etwas ergab sich infolgedessen: In den letzten Jahren hatten die Linksparteien ihre Wähler gut mobilisiert und ihren Stimmenzuwachs erheblich vermehrt. Verstehst du das?"

„Was willst du mir sagen? Dass die Parteien ihr Potential verloren haben, als wir unser Land verließen? Dann müssen wir Wege finden, um an den Wahlen in der Heimat teilnehmen zu können, auch wenn wir im Ausland leben."

Noch lange hätten wir einander mitteilen können, aber ich musste mich beeilen, um an meinen Arbeitsplatz zu gelangen.

„Wir werden uns ein anderes Mal weiter darüber unterhalten. Entschuldige, wenn ich das Gespräch jetzt abbreche."

„Ist in Ordnung! Va bene, va bene."

„Ganz kurz noch, bevor du gehst!"

„Was gibt es?"

„Mir scheint so, als ob wir angeworben wurden, damit sie uns – ich meine unsere deutschen Kollegen – kränken können."

„Wie kommst du darauf?"

„Hast du es noch nie gehört: Itaker, Spaghettifresser, Verräter...!"

„Mach dir nichts draus! In ihren Herzen brodelt noch die Wut wegen der Vorfälle der Vergangenheit. Den Verrat haben sie selbst begangen gegen die Werte der Humanität aus Mangel an Wärme, Gerechtigkeit und Liebe. In einigen lebt noch die Nostalgie an Pracht und Macht, ihr trauern sie nach.

An den Krieg habe ich eine vage Erinnerung, aber sie haftet fest in mir aufgrund der Geschichten, die meine Mutter mir erzählt hat. Einmal z.B. wurde in Paternò Alarm gemeldet. Alle rannten so schnell wie sie konnten in einen Tunnel, um ein sicheres Versteck zu erreichen. Ein Mann lag in einer dunklen Ecke, es schien, als ob er schliefe. Der Lärm verbreitete sich um sein eigenes Echo verstärkt im Raum. Rufe wurden laut und draußen begann das Donnern der Bomben. Waren es Amerikaner oder Deutsche? Ich hatte mich neben den Mann geduckt. Unaufhaltsam wurde geschrien und gerufen. Manche umarmten sich, weil sie sich wieder zusammengefunden hatten. Die Kinder hielten mit ihren Händen die Ohren zu, um sie vor den Explosionen zu schützen. Als es so schien, dass die Ruhe wieder einkehrte und die Gebete endeten, nahm meine Mutter mich in die Arme. Voller Schrecken schrie sie auf, als sie bemerkte, dass mein Gesicht und meine Kleidung mit Blut verschmiert waren. „Aber dein Sohn lebt doch!", beruhigte sie eine Freundin. Sie zog mich aus und wischte das Blut mit ihrer Schürze ab. Ich war nicht verletzt. Nun richteten sich alle Augen auf den Mann, der immer noch, in seinem Mantel eingehüllt, regungslos da lag. Ein Verwandter rüttelte ihn, er regte sich nicht, sein Gesicht war ausdruckslos. Er war tot. Am Ende brachten ihn die Familienangehörigen weg.

Die Jagdfreunde des Fritz Geenen: Werner Beykirch, Jupp Dicks, John Janssen, Förster, Datzmann

Eigentlich hatten wir nichts mit dem Krieg zu tun, wir waren noch Kinder, wie die meisten hier von uns.

Für heute habe ich dir genug erzählt, ich muss jetzt gehen, die Arbeit wartet."

Ich beeilte mich beim Duschen im Waschraum, warf eilig meine Arbeitskleidung über und ließ Michele, der noch nachdenklich auf seiner Bettstelle saß, mit seinen Gedanken allein.

Auf dem Flur stieß ich fast mit den letzten Kollegen aus der Nachtschicht zusammen, die beinahe im Halbschlaf die Unterkunft erreichten.

Einer von ihnen war Antonio Blandamuro, der im Spänewerk beschäftigt war. Dort erhielt er des Öfteren Besuch vom Chef persönlich, von Herrn Fritz Geenen: von hoher Statur, freundlich und direkt in seiner Rede. Meist blieb er für etwa eine halbe Stunde, um zu sehen, wie die Arbeit lief. Antonio hatte Zeit, von irgendwoher einen Stuhl zu holen und in seine Nähe zu stellen. Der Chef nahm Platz, schaute ihm zu und jedes Mal, wenn er ging, sagte er zu ihm: „Danke, Itaker!" Nach zwei Wochen wiederholte sich die Zeremonie. Doch diesmal erhielt Antonio eine Handvoll Bonbons, die er erstaunt in seine Tasche steckte. Später, bei einem Spaziergang durch Weeze, hatte er die Möglichkeit, die Süßigkeiten an die Kinder zu verteilen, die aus der Schule nach Hause liefen.

Nach weiteren vier Wochen kam Herr Geenen wieder. Der Stuhl wurde bereitgestellt, und er nahm Platz. Fachmännisch beobachtete er, wie aus den Spänen, vermischt mit Leim, Holzplatten geformt wurden. Als er sich diesmal erhob, übergab er ihm eine Tafel Schokolade. Später am Abend stellte Antonio fest, dass die Schokolade sich seiner Körperwärme angepasst und in seiner Hosentasche verflüssigt hatte. Seine Vorfreude auf den bevorstehenden Genuss war in Wohlgefallen aufgelöst. Einige Tage später erschien Herr Geenen wieder an Ort und Stelle. Es wiederholte sich die gleiche Prozedur. Diesmal allerdings griff er in seine Weste und beförderte, bevor er ging, einen 10 DM-Schein hervor und steckte ihn Antonio zu. Dann legte er ihm den Zeigefinger auf die Nase und raunte ihn an: „Itaker, schü schü schü. Nimm, weil du für mich immer einen bequemen Stuhl holst", und schob hinterher: „Du bist ein guter Bursche, Itaker. Ich schau dir gerne bei der Arbeit zu, etwas Besseres kann ich nicht verlangen." Antonio strahlte voller Freude über dieses Lob und brachte diese Freude in seinen Bewegungen, ja in seinem ganzen Körper zum Ausdruck. Er bedankte sich leise in einer Mischung aus italienischen und allen ihm bekannten deutschen Wörtern. Rot im Gesicht vor Verwirrung und Verlegenheit verstaute er den Schein sorgfältig in seiner Hosentasche.

Mit einem Lächeln auf den Lippen machte sich Fritz Geenen bereit für seinen weiteren Rundgang durch die Halle.

Eine Anekdote zu Fritz Geenen, die damals in Weeze in aller Munde war:

Fritz Geenen war Mitglied des Martinskomitees. In einer schwachen Stunde ging er mit einigen Weezer Geschäftsleuten die Wette ein, dass er es mit seinen

160 kg Lebendgewicht schaffen würde, den Weezer Fronleichnamsweg mit einem Fahrrad abzufahren. Das Ziel war die Moesgen-Apotheke bei Voß an der Kirche.

Bei der ersten Probefahrt platzte unter der Kraft, die ihm abverlangt wurde, der hintere Reifen. Ein stabileres Fahrrad musste her, das einem Firmeninhaber von seiner Statur gerecht wurde. Gefunden wurde es bei Swenne. Herr Geenen, als Realist, traute der Sache nicht zu 100 Prozent und verlangte Begleitschutz für den Fall, dass ihm etwas passieren sollte. Diese Hilfe wurde ihm gewährt. Sein Sohn und sein Chauffeur, Herr Bladis, durften ihn während des Parcours unterstützen: Sie begleiteten ihn Rad fahrend zu beiden Seiten.

Zu seiner Freude und zum Erstaunen seiner Gegenspieler gewann er die Wette. Er erreichte das Ziel, an dem er schon mit unterdrückter Schadenfreude erwartet wurde, fuhr mit Gelassenheit am Publikum vorbei, ließ alle links liegen und nahm seinen Weg in Richtung Friedhof.

Während die einen missmutig ihren Wetteinsatz zahlten, gab er keinen Groschen.

Menschen entdecken meist, was sie schon kennen.
Jeder Mensch trägt eine Welt in sich, die in den Bruchstücken
all dessen gemacht ist, was er je gesehen und geliebt hat.
Dorthin kehrt er immer wieder zurück, auch wenn er glaubt,
in einer fremden Welt zu sein und zu wohnen.

Chateaubriand

XIV. Die Integration

In dieser Zeit wurden die Sizilianer gebeten, die Räume, die sie bisher mit den *Calabresi* und *Pugliesi* geteilt hatten, zu räumen und in das Gebäude an der Herrlichkeit 7 einzuziehen. Die Stimmung zwischen den beiden Gruppen hatte sich abgekühlt. Es war besser für alle, für einen Zeitraum dafür zu sorgen, dass sie sich nicht regelmäßig trafen.

Wenn jedoch die Sehnsucht nach der Heimat sie überwältigte, trafen sich beide Gruppen vereint in der Eisdiele, spielten eine Partie Karten, genossen ein erfrischendes Zitroneneis oder warfen eine Münze in die Jukebox, um die Stimmen von Caruso, Beniamino Gigli oder Claudio Villa zuhören und wenn „O sole mio!" erklang, sangen sie laut und voller Enthusiasmus mit, sodass es bis auf die Straße zu hören war. Leisere Töne gab es bei „Mamma", wobei sensiblere Seelen leicht in Tränen ausbrachen. Auch die Deutschen kannten sich mittlerweile im italienischen Liedgut aus, vielen wohnte die Sehnsucht nach Italien inne, und sie sangen begeistert mit, wenn lautstark aus der Eisdiele erscholl: „Volare, oho, cantare, oho!..." – Und: „Wenn bei Capri die rote Sonne im Meer versinkt…"

Familie Rizzo und Orfanò

Unvorhersehbar schnell entschlossen sich die ersten Familien in der Heimat, den Ehemännern und Vätern zu folgen und brachen auf in den unbekannten Norden, bepackt mit dem Notwendigsten eingeschnürt in Tüten und Paketen, um teilzuhaben an der Neuentwicklung aber auch, um als Familie zusammen zu sein.

Mit diesem Ansturm hatte niemand in der Fabrik, aber auch im Ort nicht gerechnet und es entstanden neue Aufgaben, die nach Lösungen suchten. Es fehlten Wohnungen, um die Neuankömmlinge unterzubringen. Kleinere Räumlichkeiten mussten für den Notfall zunächst ausreichen. Bis etwas Besseres hergerichtet werden konnte, war gelegentlich ein Zimmer für fünf Personen nicht die Ausnahme.

Die Schule war ebenfalls nicht vorbereitet auf den Zuzug. Niemand verstand die Sprache des anderen. Für die Schüler waren Schulpflicht, Pünktlichkeit, regelmäßiger Schulbesuch, das Anfertigen von Hausaufgaben belanglos, da die Vorstellungen der Eltern auf eine baldige Rückkehr in das Heimatland projiziert waren. So sahen sie nicht die Dringlichkeit, sich für eine Sozialisation der Familien einzusetzen, Kontakte zu den Deutschen herzustellen bzw. zu vertie-

Entlassungsjahrgang 1966 – Petrus-Canisius-Volksschule
Obere Reihe: Klaus Schweigler, Luigi Albaceli, Werner Reinders, Johannes Büren; **Mittlere Reihe:** Karl Heinz de Bruyn, Johannes Geurts, Werner Tripp, Konrad Deckert, Norbert Rüttgens, Willi Kuypers, Eickmann; **Untere Reihe:** Lehrer Gerlach, Gerd Geurts, Wilhelm Martens, Franz Dennisen, Hans Küppen, Anton Ingenbleek, Hans-Theo Hebben

Schulentlassung 1967 – Petrus-Canisius-Volksschule
Obere Reihe: Heinz-Willi Holz, Werner Peters, Ernst Hönnekes, Karl-Heinz Büsch, Dietmar Comp, Norbert van Beek, Manfred van Meegern; **Mittlere Reihe:** Peter Eicker, Helmut Ingenbleek, Gisela Hillmann (Wirooks), Karl-Heinz Tekaat, Ingrid Godehardt (Lemmen), Hubert Ingenbleek, Christel Decker (Caspers), Franz Grunau, Irmgard Bayer (Meurkes), Karin Koenen (Schultz), Helmut Schmidt, Ursula Aben (Büren), Peter Wegerich, Maria Hartjes, Karl Rütten, Wolfgang Gerlach (Lehrer); **Untere Reihe:** Monika Schottmann (Nöllenheidt), Elisabeth Heinemann (Schoofs), Nunzia Schenke (Albaceli), Gisela Selders (Slooten), Ute Peters (Hubert), Christa Völlings (Koch), Hannelore Artz (Janssen), Sigrid Müller (Schwarz);

fen und der Schulbildung mehr Aufmerksamkeit zu widmen. Das Leben verlief ohne Strukturen, ungeplant und ohne Einsatzbereitschaft. Es kam vor, dass Kinder an kalten Tagen in leichter Bekleidung und mit Sandalen zur Schule kamen. Schließlich waren sie im Sommer angereist und nicht auf unser feuchtkaltes Klima vorbereitet. Sie hatten allen Grund, gelegentlich dem Unterricht fern zu bleiben. Die älteren unter ihnen fanden schon bald eine Anstellung in einer Fabrik, auf den umliegenden Bauernhöfen oder in den Gärtnereien – obwohl Kinderarbeit verboten war.

Da er nicht weiter bereit war, dies alles so hinzunehmen, entschloss sich der Schulleiter der Grundschule – Herr Walter Siemes – gemeinsam mit Herrn Neumann als Werksobmann und Herrn Mertens nach Köln zum Konsulat zu fahren und einen Italienischlehrer zu erbitten.

Sie wurden sehr freundlich empfangen und wirklich – schon nach zwei Tagen gab es die gewünschte Hilfe. Der Lehrer blieb weiterhin mit seinem

Wohnsitz in Köln. Allerdings dauerten die Fahrten von Köln nach Weeze. Es ergab sich keine Kontinuität, denn jetzt war oft der Lehrer derjenige, welcher unpünktlich oder gar nicht ankam.

Einigen wenigen Eltern war in der Zwischenzeit klar geworden, dass ihr Aufenthalt in Deutschland wohl von längerer Dauer sein würde. Es wurde unumgänglich, für den regelmäßigen Schulbesuch ihrer Kinder zu sorgen, sodass sie ebenso wie ihre deutschen Mitschüler am Unterrichtsalltag teilnehmen und Schulerfolge erzielen konnten.

Frau Elisabeth Haaver

„Omnem locum sapienti viro patriam esse." – „Alle Lande sind des Weisen Vaterland." (Seneca)

Eine derjenigen, die sich entschloss, diesen Weg gemeinsam mit ihren Kindern für ihre Kinder zu gehen, war Laura Albaceli.

Sie wurde 1928 in der Nähe von Paris geboren, wohin die Eltern emigriert waren, und so bekam sie die französische Staatsbürgerschaft. Am 26. Juni 1963 wurde sie als Hilfsarbeiterin im Furnier- und Sperrholzwerk eingestellt und erhielt einen befristeten Arbeitsvertrag für ein Jahr.

Ihr Mann Giuseppe war gegenteiliger Meinung. Er hatte geplant, sein Landgut zu vergrößern und da die Angebote auf dem Arbeitsmarkt reichlich waren und fleißige Hände überall gebraucht wurden, wünschte er, dass seine Kinder in einem Betrieb eine Anstellung suchten und mit zum Unterhalt beitrugen.

„A pil'a pile se fasce la parruche", sagt ein Sprichwort aus Apulien. („Ein Haar und noch ein Haar, so formt sich die Perücke.")

Frau Albaceli setzte sich durch. In Begleitung von Herrn Mertens suchte sie Herrn Rektor Siemes auf und sprach mit ihm. Sie erwartete für ihre Kinder regelmäßige Hausaufgaben, sodass sie die deutsche Sprache erlernten und für ihre Leistungen benotet wurden. Die Einstellung trug Früchte: Ihre Söhne und die Tochter erhielten eine gute Ausbildung. Sie haben sehr viel Zeit und Energie darin investiert, sich dabei allerdings von der Gemeinschaft der Landsleute distanziert, wobei sie neue Freunde in der deutschen Umgebung fanden.

Langsam aber stetig entstanden die ersten Brücken zwischen den Erwachsenen. Zum Beispiel als Frau Haaver Nunzia Albaceli in einem hübschen selbst genähten Kleid traf. „Wer hat dir das Kleid genäht?" – „Meine Mutter." „Und wie hat sie es gemacht?" „Mit Nadel und Faden." „Bestell deinem Vater, dass er heute Abend nach der Arbeit zu mir kommen soll."

Überrascht machte er sich auf zum Haus an der Ecke in der Roggenstraße. Frau Elisabeth Haaver hielt zu seiner Überraschung eine Singer-Nähmaschine bereit und überreichte sie ihm. „Für deine Frau, sie wird sie zu nutzen wissen." Er bedankte sich und trug seine neue Errungenschaft voller Freude nach Hause.

Mit der Zeit verbesserten sich die Wohnsituationen und ermöglichten es den Schülern, die deutschen Mitschüler zu sich nach Hause einzuladen und gemeinsam mit ihnen zu lernen. Mit Disziplin, Ehrgeiz, Beharrlichkeit und einem starken Willen schafften diese Begegnungen im gemeinsamen Miteinander, Handeln, Spielen, Austauschen eine gute Basis zur Sozialisation im deutschen Umfeld.

Da die Eltern nur über eine elementare Schulbildung verfügten und zumeist beide berufstätig waren, waren die Kinder auf sich gestellt und fanden in dieser Situation eine gute Chance, die Isolation in eine Partizipation zu verwandeln. Unter diesen Bedingungen erreichte es bald eine kleine Anzahl von Kindern, gute Hauptschulabschlüsse zu erzielen, wenn sie nicht sogar den Sprung ins Gymnasium schafften. In Gemeinschaft gelang einiges. Die leistungsstarken Schüler förderten ihre schwächeren Freunde, wenn sie dazu gewillt waren. Sie nahmen sie im wahrsten Sinne des Wortes mit, ermunterten sie zur Tat, weil sie es mit Freude vorlebten. Und von dieser Begeisterung der Begleiter an ihrer Seite fühlten sie sich angespornt, es ihnen gleich zu tun, denn Leistung wurde mit guten Zensuren belohnt. Und so konnten Kindergärten, Schulen und Vereine wichtige Orte der Begegnung sein, die den Beginn von Freundschaften ermöglichen zur gegenseitigen Unterstützung für ein Leben in Eintracht, Frieden, Freiheit und Verantwortung.

Unverantwortlich war der plötzliche Entschluss seitens einiger Eltern, wieder zurück in die Heimat zu fahren und die Gestaltung der Zukunft ihrer Kinder zu unterbrechen. Von einem Schulsystem, das Eigenarbeit in den Vordergrund stellt, in ein Schulsystem eingegliedert zu werden, in dem der Frontalunterricht im Vordergrund steht und bei dem der Lehrer ausschließlich vor der Klasse referiert, bedeutete erhebliche Einschnitte und Umstellungen in einem jungen Schülerleben.

Viele verpassten den Anschluss. Sie fühlten sich nicht verstanden und waren nicht bereit zur Teilnahme an rekreativen, politischen oder kulturellen Aktivitäten, die unentbehrlich sind für einen Aufstieg in der Gesellschaft.

Andere kehrten irgendwann zurück nach Deutschland auf der Suche nach einer Anstellung als Kellner in einer der neu gegründeten Pizzerien, den Restaurants oder Eisdielen. Eine dritte Gruppe geriet durch schlechte soziale Kontakte in die Kriminalität.

Gott will gelebt, nicht verehrt werden

Meister Eckarth

XV. Und wie ging es in Italien weiter?

Nach dem 2. Weltkrieg verbesserte sich in Italien die Situation der Menschen. Luxus existierte allerdings meist nur für eine Minderheit in der Bevölkerung. Mit der Euphorie des Augenblicks trat die Ernüchterung ein und zeigte eine Wirklichkeit, in der die Armut vor allem im südlichen Landesteil um sich griff aber auch der Norden blieb nicht verschont. Die Lebensbedingungen der Menschen verbesserten sich nur allmählich, besonders die der Frauen. Ihre Aufgabe war es, alle Arbeiten im Haushalt zu verrichten. Es war die gute „Mamma", die auf das Wohlbefinden ihrer Sprösslinge achtete. Ohne Nähmaschine flickte sie die Hosen und Jacken. Strümpfe wurden selbst gestrickt bzw. gestopft. Es sei denn, eine geschickte Großmutter oder Großtante unterstützte sie darin. Mühevoll wurde in Handarbeit die Wäsche gewaschen, zum Trocknen auf die Leine gehängt und mit Körpereinsatz mittels eines Bügeleisens, das mit Kohle erhitzt wurde, akkurat gebügelt. Mehrmals am Tag holte sie – den Krug auf dem Kopf balancierend – Wasser beim Brunnen in der Mitte des Dorfes. Anschließend wurde der Teig zum Brotbacken hergestellt, aus dem sie mit viel Phantasie Brote in den unterschiedlichsten Formen knetete. Die Brotlaibe wurden auf einem Holzbrett zum Steinbackofen getragen, wo sie im Ofen abgebacken wurden. Für die Kochstelle musste Brennholz bereitgehalten werden. Endlich konnte sie für die Familie das Essen zubereiten. Zwischendurch wollten die Tiere versorgt werden: Hühner, Puten und ein Schwein, das im Winter geschlachtet wurde. Mit Sorgfalt sammelte sie stundenlang aromatische Kräuter zur Zubereitung der Würste, die zum Trocknen unter den Dachbalken hingen. Bei ihrem Anblick lief uns das Wasser im Mund zusammen.

Sonntagsmorgens stand der dampfende Wassertopf auf dem Herd, die Zinkbadewanne wurde in die Küche geholt, damit die Familie vom Kleinsten angefangen bis zum Großen ihr wöchentliches Bad nehmen konnte. Nach jeder Waschung wurde dem Badewasser mit einer riesigen Suppenkelle eine Portion heißes Wasser zugegeben, bis der Letzte endlich seine Badezeit beendet hatte.

Die Aufgabe der Hausfrau war es auch, dafür zu sorgen, dass die Hühner und Ferkel kastriert wurden. Durch deren Verkauf konnte die Haushaltskasse um einiges bereichert werden. Mehr noch als Waren gegen Geld zu handeln wurde getauscht: Eier gegen Kartoffeln oder Äpfel, Haare gegen Garn, Nadeln und Knöpfe. Und wenn die Kinder gelegentlich nachfragten:

„Was gibt es morgen zu essen?", dann antwortete sie voller Zuversicht: „Gott wird schon eine Lösung finden." Wurden die Kinder krank, musste aus der Kräutersammlung die passende Medizin hervorgeholt werden, um als Salbe, Tinktur, Tee oder Saft zur Heilung zu verhelfen.

Die Tätigkeiten wurden außerordentlich erleichtert, als elektrische Geräte ihren Einzug in den Häusern hielten. Zunächst ersetzten die Gasflaschen für den Herd die Feuerstellen. Allerdings verursachten manche Explosionen einige Opfer. Kühlschränke und Waschmaschinen wurden in den wohlhabenderen Haushalten angeschafft.

Auf den Feldern verbesserten sich die Arbeitsbedingungen der Bauern. Gewiss reichten die kleinen Parzellen, die sie besaßen, nicht aus, um eine Entwicklung zur Industrialisierung der Landwirtschaft zu realisieren. Traktoren, Dreschmaschinen und die Verwendung von Nitraten anstelle von Mist, Stallstroh und Dung steigerten die Ernte. Jedoch wurde durch die Unkosten den Verdienst reduziert.

Viele Familienväter verließen ihren Besitz und sahen sich an anderen Orten nach einer lukrativeren Beschäftigung um.

Diejenigen, die am meisten von dieser Situation profitierten, waren die Arbeitgeber, und zwar dadurch, dass sie den Arbeitnehmern niedrige Löhne zahlten und auf diese Art beträchtliche Gewinne verbuchen konnten. Viele emigrierten. Es mussten Sonderzüge in Richtung Ausland eingesetzt werden.

In der Schule, in der die Schüler gewohnt waren, von einer Schiefertafel abzuschreiben, wurden Hefte und Bücher angeschafft, in denen auf eindrucksvollen Bildern zu sehen war, wie Muzio Scevola seine Faust in einer Feuerstelle verbrennt, weil er Porsenna, den König der Etrusker, nicht tötete, wie Gaius Julius Caesar von den Dolchen der Senatoren getötet wird, wie Kolumbus kniend Gott dankt für den guten Ausgang seiner abenteuerlichen Reise auf der Suche nach dem Seeweg nach Indien.

Sonntags in der Frühe eilten wir zur Beichte, um dem Pastor unsere Vergehen einzugestehen. Mit einem „Ave Maria" oder einem „Pater Noster", das wir zur Buße beten sollten, erteilte er uns die Absolution. Gleich darauf dienten wir ihm von aller Schuld befreit als Messdiener während des Gottesdienstes.

Wollten wir Kinder am Nachmittag ins Kino, warteten wir geduldig vor dem Eingang, ob irgendein Bekannter uns die Hand gab, um uns mit hereinzunehmen. So konnten wir den Film ansehen ohne Eintritt zu bezahlen. Hatten wir selber Münzen in der Tasche (und das geschah selten), dann war die Solidarität groß. Wir stellten uns vor den Kontrolleur, der das Procedere gut kannte. Gutmütig ließ er die paar Münzen, die wir ihm zusteckten, in seiner Jackentasche verschwinden, lächelte uns aufmunternd zu und öffnete den Vorhang zum Zuschauerraum. Der Weg zum Paradies war frei, und wir konnten, bis wir müde wurden, die neuesten Filme ansehen. Wenn

wir das Kino verließen, brannten unsere Augen vom Zigarettenrauch, dennoch mussten wir uns auf den Heimweg machen, den wir langsam und mit schlechtem Gewissen in Erwartung einer Tracht Prügel antraten. Der Einsatz hatte sich allerdings gelohnt – wir hatten uns bestens amüsiert, wenn wir beispielsweise die Späße von Stan und Olli hatten verfolgen dürfen.

Zu Beginn der 60er Jahre wird in Italien vom Wirtschaftswunder gesprochen.

Der Fiat 500 erfüllte den Wunsch nach einem eigenen Wagen. Neue Häuser mit mehr Komfort wurden errichtet. Auch die Emigranten, die bisher in den Wintermonaten nach Hause fuhren, richteten ihre Ferien in den Sommermonaten ein: zum einen, um den Bau des Hauses zu überwachen – Möbelhäuser, Fachgeschäfte für Keramik und sanitäre Einrichtungen wurden am Rand des Ortes angesiedelt. Zum anderen hatten sie an den Wochenenden die Strände für sich entdeckt. Bisher waren sie lediglich von den Fischern genutzt worden, die im Sand hockend ihre Netze flickten. Nun füllten sie sich mit jeder Menge sonnenhungriger Menschen, die sich in der Nähe des Meeres niederließen, um sich von der Sonne verwöhnen zu lassen. Die blasse Haut sollte einer lebendigen Bräune weichen, um das Wohlergehen auch nach außen hin zeigen zu können. Da die meisten nicht schwimmen konnten, hielten sie sich in der Nähe des Ufers auf. Mutige wagten einige Schritte ins Meer, traten allerdings schnell wieder den Rückzug an, wenn sie den ersten Schluck salzigen Meerwassers geschmeckt hatten.

Bademeister gab es weit und breit nicht und mancher Jugendliche, der sich vor den Freunden hervortun wollte, wagte sich zu weit hinaus und wurde ein Opfer des Meeres.

Abends, wenn die Badenden den Heimweg antraten, ließen sie für die Nachfolgenden als Andenken ihre nicht unerheblichen Müllreste liegen. Schon im Bett meldete Neptun seine Rache: Auf den ungeschützten Körperstellen entwickelten sich zahlreiche Brandblasen, deren Brennen erhebliche Schmerzen verursachte. Auch ein freundschaftlicher Schulterschlag wurde von einem Schmerzschrei beantwortet.

Die ersten Fernsehgeräte erschienen. Sie zogen mit ihren neuartigen Bildern und Filmen die Menschen in die *Camera del lavoro*: in einen größeren Raum der Gewerkschaft, in dem die Landarbeiter sich trafen, um ihre Probleme zu diskutieren und mögliche Lösungen zu finden. Zum Abend hin waren alle Holzbänke besetzt. Einige mussten stehend die neuesten Sendungen verfolgen:

- *Il musichiere* mit Mario Riva
- *Lascia o raddoppia* mit Mike Bongiorno

„Carosello", eine Werbesendung, wurde mit Spannung verfolgt. Die Kessler-Zwillinge wurden aufgrund ihrer Schönheit und Professionalität mit Begeisterung betrachtet. Die Schauspielerinnen Anita Eckberg und Senta Berger feierten in *Cinecittà* ihre ersten Erfolge.

Enthusiasmus wuchs bei den Fußballbegeisterten. Profis aus Südamerika spielten in den italienischen Fußballmannschaften mit und heizten die Stimmung auf. Die Jugendlichen folgten dem neuen Trend. Versteckspiele, Nachlaufen Murmeln wurden als veraltet erklärt, einen Ball mit den Füßen zu kicken, wurde zur beliebten Freizeitbeschäftigung, wobei die Bälle aus Pappsäcken gebastelt waren, die leer stehenden Felder ersetzten das Fußballfeld. Die Gemeinden unterstützten die neue Sportart, indem sie ein Stück Land planierten. Wenn es in Strömen regnete, bildeten sich Furchen und die Gefahr bestand, beim übereifrigen Rennen ins Rutschen zu kommen und die Fraktur mit Gips ruhig zu stellen.

Im Ort entstanden die ersten Clubs, Sportzeitschriften, Trikots, sogar Fußballschuhe kamen auf den Markt.

Haller, Schnellinger und andere Profis spielten in der italienischen Serie A.

Das eigene Auto stand vor der Tür.

Die Zinkwannen wurden in den Abstellraum verbannt, und die Menschen genossen im Badezimmer ein Bad im lauwarmen Wasser, parfümiert mit wohlriechendem Schaum. Fernseher standen im Wohnzimmer wie ein Heiligtum dekoriert mit Spitzendecken, vergoldeten Uhren und Leuchtern und der heilige Antonius im Schnee war regelmäßiger Zuschauer, gemeinsam mit dem Gondoliere in seiner muschelverzierten Gondel zur Erinnerung an eine Reise nach Venedig.

Manche ältere Leute erinnerten sich voller Nostalgie an die Gerüche vergangener Zeiten, wenn die jungen Frauen die frisch gebackenen Brote durch die Gassen nach Hause trugen, an den süßlichen Gestank, den der Hufschmied beim Beschlagen der Lasttiere verursachte, den Geruch der Hölzer, die der Schreinerei entstiegen.

Alles war zu haben, kein Wunsch blieb unerfüllt. Doch das meiste war für das Auge bestimmt, wenn Besucher kamen, wurden ihnen die neuesten Errungenschaften voller Stolz präsentiert. Ansonsten wurden sie selten genutzt, sondern unter Plastikfolien und gehäkelten Decken gegen den Staub geschützt.

Die Alltagsgegenstände vergangener Zeiten wie Krüge, mit Kohle zu beheizende Bügeleisen und Kaffeemühlen fanden im Hausflur mit einer getrockneten Distel geschmückt als Dekorationsgegenstand ihren Platz.

Alles konnte in den neu entstandenen Läden in der nahe gelegenen Kreisstadt gekauft werden. Sie waren leicht mit den Autos zu erreichen, wo auch ein Konfektionskleid nach neuestem Schnitt, ein ausgefallenes Schmuckstück erworben werden konnte. Ein anschließendes leichtes Essen, ein exotischer Drink in einer Bar mit Ausblick auf das Meer schlossen sich an. Der unerwartete Reichtum wurde mit Zufriedenheit und Lässigkeit in entspannter Atmosphäre genossen.

Und die Natur um uns herum? Auf sie konnte keine Rücksicht genommen werden: Wälder wurden ohne Bedenken abgeholzt, um weitere Bau-

grundstücke zu schaffen. Die Erdrutsche in den Regenzeiten waren vorprogrammiert. Das Leben in den Gewässern litt unter den Verunreinigungen der chemischen Industrie, die ahnungslos ob der Folgen ihren Schmutz dorthin entsorgte.

Das Jahr 1968 war das Jahr der Studentenrevolten und der Arbeiter in ganz Europa. Der 20. August trifft alle, als sich die Nachricht verbreitet, dass sowjetische Panzer die Tschechoslowakei besetzen. Der Prager Frühling wurde unterdrückt. Mit dem 12. Dezember 1969 beginnt in der Piazza Fontana in Mailand der Terrorismus – sechzehn Tote und hundert Verletzte sind die ersten Opfer.

XVI. Neue Horizonte werden entdeckt

Italienische Vorbereitungsklasse im Jahr 1974.   Foto Engelmann

Ab dem 1. Dezember 1962 richtete der Seelsorger für die Italiener Don Ferruccio Frara mit Wohnsitz in Walsum im Weezer Pfarrheim regelmäßige Sprechstunden für die Landsleute ein. Sonntags zelebrierte er zu festgelegten Terminen die Heilige Messe.

Im August 1969 kam Herr Giovanni Giglio als Italienischlehrer nach Weeze. Er wohnte im Ort und musste am Anfang die Eltern drängen, ihre schulpflichtigen Kinder zur Schule zu schicken. Mit der Zeit holten die Eltern ihre Söhne und Töchter, die bis dahin bei Verwandten in der Heimat gelebt hatten und dort unterrichtet worden waren, nach Deutschland und schulten sie dort ein.

Im Herbst 1971 war die Schülerzahl auf 60 angewachsen. Ein zweiter Lehrer wurde eingestellt: Herr Aldo di Giulio. Er unterrichtete fast zwei Jahre in Weeze.

Don Ferruccio Frara umgeben von seinen Landsleuten

Eine starke italienische Fußballmannschaft

Pastor Jakob Lomme, Don Ferruccio Frara mit italienischen Kommunionkindern

Heiteres
im Sportgeschehen

■ Einen großen Tag erleben rund 150 Weezer TSV-Schüler und -Jugendliche am morgigen Mittwoch: Es geht per Bus zum Länderspiel Deutschland gegen Wales nach Dortmund. Ein „kleiner Italiener", erst seit einer Woche „aktiv" in einer Jugendmannschaft des TSV Weeze, wurde von seinen deutschen Mitspielern geärgert: „Du bist noch zu neu in der Mannschaft, du darfst nicht mitfahren!" Trotz großer Sprachschwierigkeiten wußte sich der Südländer zu rechtfertigen: „Kleines dickes Postmensch hat gesagt, ich mitfahren!" Gemeint war Jugendbetreuer Peter Roelofs.

Deutsche und italienische Jugendliche am Kirchbrunnen

Die Franziskanermönche aus Assisi

Als konsularischer Vertreter kümmerte sich Giovanni Giglio um die Belange der Landsleute. Zwischendurch organisierte er italienische Feste. Ein Höhepunkt war der 29. Juni 1969, als Herr Pastor Lomme gemeinsam mit dem italienischen Seelsorger Don F. Frara eine Festmesse zelebrierte, während der elf italienische Kinder und Jugendliche die Erstkommunion empfingen.

Im Oktober 1973 kam ich, Vincenzo Sacco, als Lehrer nach Weeze.

„Sie sind mit Freude an der Schule gewesen, sie waren uns gute Kollegen, ja, sie sind liebe Freunde geworden." (Walter Siemes)

Auch für die Erwachsenen wurden jetzt Abendkurse eingerichtet, in denen sie sich weiterbildeten und Schulabschlüsse nachholen konnten. Zeitweise haben die deutschen Lehrerinnen Frau Honnen und Frau Schäfer in den sogenannten Vorbereitungsklassen unterrichtet und für zusätzliche Förderung gesorgt.

„So hat die Schule Mut gemacht für ein Leben in fremder Umgebung und hat auch für die Kinder dem Leben mit der vertrauten Religion die Tür geöffnet." (Walter Siemes)

Der Held ist ein Mensch, der den Mut hat zu verlassen,
was er hat – sein Land, seine Familie, sein Eigentum -,
und in die Fremde hinauszuziehen, nicht ohne Furcht,
aber ohne ihr zu erliegen. Jeder neue Schritt birgt die
Gefahr des Scheiterns, und das ist einer der Gründe,
weshalb der Mensch die Freiheit fürchtet.

Erich Fromm

XVII. Fischen verboten!

Die Jugendlichen aus dem Absatz des Stiefels lebten ziemlich friedlich miteinander. Nach getaner Arbeit suchten sie in der näheren Umgebung nach Erholung. Einer von ihnen war Pino de Lorenzo. Er kam aus Amendolara und folgte der Spur seines Vaters. Arbeit hatte er in der Schuhfabrik Schmitz in Uedem gefunden, wo auch Filippo Girardi beschäftigt war.

Es geschah an einem frühen Samstagmorgen während seiner ersten Zeit in Weeze. Die Luft war noch frisch. Er hatte sich mit seinem Freund Giovanni Cecere auf den Weg zum Fluss gemacht. Die aufgehende Sonne begann intensiv ihre Wärme zu verschenken. Im Schatten der weit ausladenden Eichen und Kiefern war es noch kühl. Eine Trauerweide ließ ihre schlanken Äste mit den Wellen des Gewässers spielen. Kein Laut war zu dieser Uhrzeit um sie herum zu hören. Endlich hatten sie die Uferböschung erreicht. Das Meer in seiner unendlichen Weite? Natürlich nicht! Die Niers lag vor ihnen mit den typischen Gräsern und Sumpfpflanzen, die er auch aus seiner Heimat kannte. Ihr Duft vermischte sich mit dem der Feuchtigkeit ausatmenden Erde und verbreitete ein Gefühl der Entspannung und Gelassenheit. Tief nahmen sie die Kraft der umgebenden Natur in sich auf. Eine innere Ruhe bemächtigte sich ihrer. „Respira, respira! Atme ein!", forderte sie auf. „Wirf alles von dir, was dich belastet, und lasse die neue Energie, die dir gespendet wird, in dich hinein. So wirst du mehr Zuversicht erhalten." Ein Geruch von Nadelbäumen, ähnlich dem der Pinien zuhause, erfüllte die Luft.

„Morgen früh werden wir zur gleichen Zeit wieder her kommen, um Fische zu fangen, Giovanni. Was sagst du dazu?" – „Wenn du meinst! Was gibt es hier zu fangen?" – „Schau genau hin!" Er gab ihm ein Zeichen. In der Nähe hatte sich ein Mann auf einem Hocker niedergelassen, hatte die Angel mit dem Köder ausgeworfen und wartete still und geduldig darauf, dass etwas anbeißen würde. „Was der kann, das können wir auch. Wir haben zwar nicht das Ionische Meer vor uns, aber wenn hier ähnliche Fische sind wie dort, wird es sich lohnen."

Schon am nächsten Morgen begaben sich Pino und Giovanni ausgerüstet mit einem Taschenmesser zu einer geeigneten Stelle am Flussufer und fertigten mit Hilfe eines elastischen Trauerweidenstockes, einem Stück Wäscheleine, stabilem Draht aus den GEGE- Werken und zwei Nacktschne-

cken als Köder eine hervorragende Angel, die auch sogleich ausgeworfen wurde. Beim spannungsreichen Warten auf den ersten Fang umgab sie die Stille der Natur. Für beide bedeutete dies ein gutes Vorzeichen. Müde vom langen Stehen machten sie es sich zwischen den Uferpflanzen bequem. Sie sprachen kein Wort, malten sich aber schon in Gedanken aus, wie sie ihren ersten Fang mit den Familien teilen würden. Am gegenüberliegenden Ufer weideten einige Pferde. Kühe lagen wiederkäuend im Gras. Die Ausdünstungen ihres Rückens verschmolzen mit dem Nebel, der aus den Sumpfgebieten emporstieg. Gegen Osten befreiten die Strahlen der aufgehenden Sonne das Schloss vom Schwarz der Nacht und tauchten die Weite des Schieferdaches in ein edles Preußischblau.

Das Wasser des Flusses flirrte in der Helligkeit der Morgenröte.

Die Idylle war perfekt. Nur – ein Fisch wollte partout nicht anbeißen.

Plötzlich vernahmen sie Schritte. Als sie sich umdrehten, um den Störenfried zurechtzuweisen, erblickten sie einen Jäger, der mit einem Gewehr über der Schulter und drohendem Blick unmissverständlich – auch wenn sie die deutsche Sprache nicht verstanden – in barschem Ton bedeutete: „So etwas geht hier nicht!" Drohend erhob er seinen Zeigefinger. Aus seinem Wortschwall entnahmen sie ein Wort, das ihnen bekannt war: „Name!" – Spricht er auch Italienisch? Angenehm berührt und leicht verschüchtert schrieben die Beiden ihre Namen auf den vorgehaltenen Zettel. Der Jäger ergriff ihre Angeln und entfernte sich. „Pino, was wollte er von uns?" – „Ist doch klar, wir dürfen hier nicht mit selbst gebastelten Angeln Fische fangen. Er wird uns in Kürze bestimmt neue Angeln bringen." Statt der neuen Angeln kam eine Einladung des Amtsgerichts. Dort erschienen sie zum festgesetzten Termin gemeinsam mit Herrn Mertens. Der erläuterte die Sachlage und schilderte die Unerfahrenheit der beiden Jungen, die erst vor kurzem aus Italien angekommen waren. Der Richter hatte ein Einsehen. Mit freundlichen Ermahnungen schloss er den Prozess. „Abbiamo vinto il processo!", ist Pino noch heute begeistert, wenn er schmunzelnd davon erzählt.

Die Fähigkeit zu rascher Improvisation
sei es, die den Meister mache.

Georgias

XVIII. Orazi gegen Curiazi

Aus Paternò erschienen dann die ersten Jugendlichen mit der Lust auf ein reizvolles Abenteuer, mit der Freude an einer Auseinandersetzung.

Es war eine Zeit, während der die Daheimgebliebenen in den verschiedenen Ortsteilen der Heimatdörfer Banden bildeten, die einander Kämpfe oder auch nur Scheinkämpfe mit Stöcken und selbst gebastelten Waffen lieferten nach Art der Jugendlichen aus der Paulstraße. Dies hatte sich bis Weeze übertragen. Die Eltern waren beschäftigt, oft müde von der täglichen schweren Arbeit im Akkord, und sehr tolerant in Bezug auf ihre Sprösslinge. Nach der eintönigen Arbeit suchten die Männer Unterhaltung und Entspannung in den Weezer Gaststätten. Bei einem Glas Bier, Liedern aus der Musikbox oder auch life gespielt, fanden sie mit ein wenig Glück eine Partnerin zum Tanzen. Sie waren allerdings nicht die Einzigen, die ein Auge auf die Mädchen geworfen hatten. Die Jungen aus Weeze und englische Soldaten überließen ihnen nicht freiwillig das Feld. Die Soldaten – gut durchtrainiert beim Militär – warteten ungeduldig auf eine Gelegenheit, ihre Kräfte herauszulassen. Der ewig gleiche Tagesablauf mit seinem Drill ließ sie am Wochenende endlich zum Angriff übergehen. Die Einheimischen hatten bisher die jungen Damen ihrer Domäne zugeordnet und sahen es nicht gerne, wenn Fremde sie für sich eroberten. Die Italiener waren von der Emanzipation der Mädchen überrascht, die mit ihren blonden, lang oder kurz frisierten Haaren, leicht gekleidet, erhobenen Hauptes vor ihnen her flanierten, mit kessen Blicken lockten. Sie warteten darauf, harmonisch im Tanz geführt zu werden.

Mit einigen Gläsern Alkohol im Blut, den die Inselbewohner gerne tranken, wurde die Euphorie gesteigert. Junges Blut, Schönheiten, für die es sich lohnte zu kämpfen…. Und die ersten Angriffe waren wie die Ouvertüre zu einer Oper, die Vorfreude. Leicht wurden Gründe für einen Streit gefunden: mal eine Damenwahl, mal eine Damenbelästigung, ein besetzter Platz. Ein Italiener, der einen Korb bekam, wollte nicht den Spott der Anderen ertragen. Der Engländer, der sich für eine Dame entschieden hatte, war bereit, sie gegen jedes fremdländische Ansinnen zu schützen. Sobald ein Fremder einer jungen Dame auch nur die Tür öffnete, war dies für die jungen Burschen ein Grund einzugreifen. Für alle wurden leicht Motive gefunden, ihr heißes Blut in Wallung zu bringen. Der Wirt bemühte sich, beide Augen offen zu halten, wenn er wollte, dass Flaschen und Gläser, Tische und Stühle nicht zu Schaden kamen.

Die Italiener hatten auf dem Fußballplatz ihre Künste zeigen können. Jedoch sahen sie ein, dass sie den vor Kraft strotzenden Engländern nicht gewachsen waren. Angesichts dieser überwältigenden Gegnerschaft wussten

sie, dass sie bald das Feld frei geben mussten. Allerdings gaben sie nicht so ohne Weiteres auf, versetzten dem leicht benebelten Gegner mit überraschenden taktischen Offensiven einige Prellungen, um gleich darauf schnellstens das Weite zu suchen.

In solchen Situationen demonstrierten die Engländer sich als Sieger, die die Macht für sich errungen hatten, für die Italiener war es wichtig, ihre Furcht zu überwinden, und die Deutschen wollten ihr Heimspiel nicht verlieren.

Not macht erfinderisch, denn irgendwann wollten die Sizilianer auch einmal als Helden aus dem Kampf hervorgehen. An einem Sonntagnachmittag betrat ein Italiener mit seiner gut aussehenden Braut das Tanzlokal. Schon bald näherte sich ihr ein Engländer und forderte sie höflich zum Tanz auf. Der Italiener, wie von der Tarantel gestochen, legte seinen Arm um ihre Schultern und wies den Rivalen mit dem Zeigefinger an, zurückzutreten. Der Engländer empfand diese Handbewegung als Beleidigung. Erregt wollte er sich mit einem Faustschlag revanchieren, als er von mehreren Händen von hinten festgehalten wurde. Umsonst versuchte er, sich zu befreien. In der Zwischenzeit war der Wirt alarmiert worden und mit einigen kräftigen Helfern schaffte er es, die Akteure auf die Straße zu werfen. Indessen erfuhr der Kampf draußen vor dem Eingang seine Fortsetzung. Die Zuschauer verfolgten aus sicherer Entfernung das Schauspiel, das kostenlos für sie veranstaltet wurde. Schon rissen die Engländer sich das Hemd vom Leib, ballten die Fäuste und ließen ihre Muskeln spielen. Laut sangen sie als Anfeuerung ihre Lieder und waren bereit, sich ins Gefecht zu werfen, angefeuert von den umstehenden Zuschauern. Die nahmen das Ganze mehr als eine kurzweilige Unterhaltung so wie immer. „Pack schlägt sich, Pack verträgt sich!" – „Ach was, das junge Volk muss seinen Spaß haben.", waren ihre Kommentare. Die Italiener waren darauf bedacht, Abstand zu halten, denn mit zerschundenem Gesicht wollten sie nicht von dannen ziehen. Furchterregend waren die Grimassen der Engländer, die zu allem bereit waren. Es kochte und brodelte in den Gemütern, wie sie sich so kampfbereit gegenüber standen. Irgendetwas hemmte die Italiener anzugreifen – sie schienen auf einen Befehl zu warten. Unter der Asche glühte die Kohle, es bedurfte nur eines leichten Windstoßes, um eine helle Flamme zum Himmel auflodern zu lassen. Dann – wie auf ein geheimes Kommando hin – zogen die Italiener in Sekundenschnelle aus ihren Hosen gewaltige Ochsenziemer. Als Gruppe traten sie auf, öffneten ihre Formation wie einen Fächer, der die Verdutzten einkreiste. Wie ein Vulkan explodierte ihre Wut. Ohne Wahl trafen sie jeden mit heftigen Schlägen ganz gleich wohin. Die Engländer waren ebenso wie die Zuschauenden völlig überrascht und achteten nur darauf, ihr Gesicht zu schützen. Verletzte Körperteile begannen zu bluten. Vergeblich versuchten die Angegriffenen, mit den Händen Hiebe abzuwehren. Vor Schmerz fluchten und stöhnten die Ersten. Als sie den Kampfplatz verließen, trafen erneute Peitschenschläge sie am Rücken. Das Publikum suchte das Weite vor lauter Angst, ebenfalls getroffen zu werden. Kaum dass die Polizeisirenen ertönten, stoben die Streitenden so schnell wie möglich in alle Himmelsrichtungen davon. Zuvor

waren die Ochsenziemer in Sicherheit gebracht worden. Der Platz war bedeckt mit zerrissenen und blutverschmierten Hemden und Kleidungsstücken. Als die alarmierte Militärpolizei eintraf, gab es immer noch einige, die mit geschwollenem blutverschmiertem Gesicht ziellos in der Gegend herumirrten. Manche wurden abtransportiert. Von den Südländern fehlte jede Spur.

Seit diesem Tag gab es in den Weezer Gaststätten für kurze Zeit ein Schild am Eingang: Eintritt für Italiener verboten. Wenn am Wochenende die Engländer rachedurstig aus Laarbruch anreisten, um die Italiener an ihrem Treffpunkt zu „besuchen", war von ihnen weit und breit nichts zu sehen. Mit der Drohung, sie würden wiederkommen, verließen sie dann die Gelateria. Zum Glück wurden die Protagonisten, so wie es bei Soldaten üblich ist, nach einiger Zeit an einen anderen Standort versetzt. Und das Verbotsschild konnte beruhigt entfernt werden.

Freiheit ist nur in Verbindung mit Verantwortung.

Simone Weil

XIX. Zeit der Entscheidungen

Während dieser Zeit erreichten Deutschland über Zeitung und Radio Schreckensmeldungen aus Italien: Große Landesteile standen unter Wasser, heftige Überschwemmungen verursachten mehr als 100 Tote, der Arno überschwemmte Florenz und zerstörte zahlreiche Kunstwerke in der Stadt. Als Saragat, der damalige Präsident, die Stadt besuchte, griffen ihn die Bewohner an: „Nimm die Schaufel und mach dich an die Arbeit! Wir brauchen helfende Hände und keine Bürokraten in Anzügen!"

Am 2. Dezember 1975 schlossen die GEGE-Werke ihre Tore.
„Die geregelte Arbeit, die den Lebensunterhalt sicherstellte, gab es nicht mehr."
Viele Italiener fuhren zurück in die Heimat, da sie in Deutschland keine Perspektive für sich und ihre Familie sahen.
Wer blieb, wurde erfinderisch: Die Pizza in ihren vielfältigen Formen war die neue Entdeckung.

Landsleute, die bereits in Neapel noch vor den deutschen Freunden die Pizzen gekostet hatten, trafen sich gemeinsam mit ihnen in den Gaststätten, die nach italienischem Flair eingerichtet waren: bastbezogene mit Kerzen versehene Chiantiflaschen und netzbespannte Wände, in denen glitzernde Fische einen Fang vortäuschten, schufen Atmosphäre in sonst kahlen Räumen, das Bild eines rauchenden Vulkans und der Pizzaofen verbreiteten Wärme. Natürlich war auch das Meer in allen Schattierungen der blauen Farbpalette voller Sehnsucht zu bewundern.

Ein Teil der Italiener blieb in Weeze und war sesshaft geworden. Ein eigenes kleines Haus wurde errichtet, in dem die Familie sich wohl fühlen konnte. Kinder und Enkelkinder beherrschten akzentfrei die deutsche Sprache. Sie konnten sich ein Leben in Italien nicht vorstellen, freuten sich allerdings auf einen Urlaub unter südlicher Sonne bei den fernen Verwandten, die sie herzlich aufnahmen – schließlich war man eine große Familie.

Gleichheit ist die Erkenntnis,
dass jedem menschlichen Wesen
die gleiche Menge an Achtung und Rücksicht
geschuldet wird ohne Abstufung.

Simone Weil

XX. Die Eisdiele „Alpago"

Die Region Alpago im nördlichen Italien – im Veneto – liegt eingebettet in einer
zerklüfteten Gebirgslandschaft, deren Schroffheit vom ewigen Schnee der Gipfel
gemildert wird. In den Tälern haben sich alte Laubgehölze zu weitläufigen Wäl-
dern entwickelt. Fünf Gemeinden sind hier zusammengeschlossen und umgeben
malerisch den tiefgründigen See, in dem sich die faszinierende Bergwelt wider-
spiegelt. Lukullische Feinheiten werden den Touristen angeboten, vor allem die
Käsesorten nach althergebrachten Rezepten mit den aus Kupfer gefertigten und
über die Zeit hindurch erhaltenen Gerätschaften bereitet. In dieser Gegend fällt
es am Ende eines harten Arbeitstages den Sinnen und dem Magen leicht, zu
genießen und sich zu erholen.

In der Gemeinde Tambre erblickte Flora Bortoluzzi das Licht der Welt, dort
besuchte sie bis zur 4. Klasse die Grundschule. Mit dreizehn Jahren verließ sie
den Ort, um bei Verwandten in Mailand als Kindermädchen einzuspringen.
Gelernt hatte sie diese Arbeit nicht, alles brachte sie sich auf irgendeine Art
selbst bei: Wenn sie die Kinder zu Bett gebracht hatte, bügelte sie die Wäsche,
bereitete die Mahlzeiten vor, hielt Ordnung in der Wohnung.

1958 machte sie sich zum ersten Mal auf den Weg nach Deutschland. Die
Lust nach Freiheit, die viele junge Leute damals antrieb, war bei ihr nicht
maßgebend, sie wollte mit ihrem Verdienst den Verwandten behilflich sein.
Gemeinsam mit ihrer Freundin Alida Bona brachte sie ein Privatwagen morgens um 5 Uhr von Tambre nach Forno di Zoldo. Die Reise ging mit dem Bus
weiter nach Fortezza an der Grenze zwischen Italien und Österreich. Dort
stiegen die beiden in den Zug, der sie nach Deutschland brachte. Am frühen
Morgen kamen sie in Köln an, wo sie einige Stunden auf den Anschlusszug
nach Düren warten mussten. Es war mitten im Winter und Schwermut überfiel sie, als sie die Umgebung wie in einen Schleier gehüllt wahr nahmen. Die
Menschen hatten sich vor der Kälte in ihren wärmenden Mäntel versteckt,
die alte Pflasterung zeigte das gleiche Grau wie das Gewölbe der Bahnhofs-
halle, das dem Dampf der Lokomotiven Einhalt gebot. Es bot sich ein Bild von
Trostlosigkeit dar.

Teilnahmslos betrachteten sie vom Zug aus die vorbeiziehende Landschaft.
Sie sahen die zerstörten Häuser, an denen gearbeitet wurde, den schmutzi-
gen Schnee, der die Dächer bedeckte, Menschen die die Milchflaschen vor die

Familie Bortoluzzi: Angelo, Daniela, Walter, Eddi, Maria

Haustür stellten. Und dann kamen wieder die Erinnerungen an die Familie, die wie in einem Schwarzweiß-Film vor ihnen abliefen und sie in eine tiefe Einsamkeit trieben.

Bald hatten sie ihr Ziel erreicht: Eine Eisdiele in Düren bei der Kirche zur Heiligen Anna. Sie war im Jahr 1931 von Herrn Silvio Pancera eröffnet worden und genoss einen guten Ruf.

Während des Krieges musste Herr Pancera Deutschland verlassen. Da er kein Geld mitnehmen durfte, versteckte er seinen „Schatz" hier und dort in Kübeln hinter dem Mauerwerk und den Fliesen. Als er am Ende des Krieges zurückkehrte, fand er die Kübel leer. Ziegelsteine und Fliesen waren beiseite geschafft worden, vom Geld fehlte jede Spur. „Wo ist mein Geld geblieben, das ich mit harter Arbeit verdient habe? Und was geschah mit den Kübeln, mit meinen Schätzen?"

Im Krieg war die Kirche der Heiligen Anna zum Teil zerstört worden. Und Herr Pancera hatte erlebt, wie die Toten aus den Trümmerhaufen geborgen wurden. Frauen, die ihre Augen und Nase mit einem zerfetzten Stück Stoff schützten, erledigten diese Arbeit. Sie legten die Leichen bei einer Mauer nieder, damit sie später in einem gemeinsamen Grab bestattet werden konnten. Er erlebte auch mit welchem Eifer und welcher Willenskraft ebenfalls die Frauen mit dem Wiederaufbau der zerstörten Häuser begannen. Aus den Trümmern bargen sie die noch brauchbaren Steine und machten sich an die Arbeit. Kein Jammern oder Klagen war zu hören, sondern die Zuversicht wurde weitergegeben, dass alles wieder gut werden würde. Durchhalten, so hieß die Parole, weiter nach vorn schauen. Sie machten sich gegenseitig Mut und hielten durch. Ihre Männer warteten in dieser Zeit in den verschiedenen Gegenden Europas als Gefangene auf ihre Befreiung.

Den meisten ging es während dieser Zeit schlecht: Sie froren, das Essen reichte vorn und hinten nicht aus. Allerdings brannte der Funke der Freiheit wie das Feuer in einer dunklen Höhle.

Als Flora Bortoluzzi in Düren eintraf, waren noch längst nicht alle Häuser wiederaufgebaut. In der Eisdiele arbeitete sie bis zu 18 Stunden am Tag. Am Morgen musste das Eis vorbereitet werden: Dazu wurde ein großer Kessel aus Kupfer auf einen Gasofen gestellt. Hinein gegeben wurden Milch, Eigelb, Vanille, Zucker und Zitronen, um den Geruch und den Geschmack der Eier zu schwächen. Ungefähr eine Stunde lang musste die Masse mit einem langstieligen Holzlöffel umgerührt werden, bis eine Temperatur von 85-90 Grad erreicht war. Danach wurde sie vorsichtig in glasierte Eimer oder Schüsseln geschüttet, bis sie erkaltet war.

Drohte ein Unwetter mit Blitz und Donner, musste die Flüssigkeit geschützt werden, damit der Inhalt nicht zu schwingen begann und die ganze Arbeit umsonst gewesen war.

Für das Zitroneneis mussten die Früchte einzeln von Hand gepresst werden. Ebenso aufwändig wurden Erdbeeren, Aprikosen und Bananen für die Fruchteissorten verarbeitet. „Manchmal unterlief uns ein Fehler, dann folgten ernsthafte Worte und Vorwürfe, die wir mit Demut anhörten. Mit dem Gefühl, etwas Unrechtes getan zu haben, das wir hätten verhindern können, und weil wir nicht von selbst darauf gekommen waren, bemühten wir uns, Derartiges beim nächsten Mal zu vermeiden. Mit noch mehr Achtsamkeit führten wir dann unsere weiteren Arbeiten aus, sodass der Chef mit uns zufrieden war und die Kunden begeistert von der Qualität der Produkte. Auf diese Weise lernten wir durch unsere Erfahrungen.

Hatten wir Sehnsucht nach unseren Eltern, weinten wir abends, wenn wir alleine waren, still in unsere Kissen. So vergingen die Tage ohne jede Pause, und als der Oktober kam, waren wir erleichtert und wie neu geboren, denn nun war es Zeit, nach Alpago zurückzufahren und die Verwandten zu umarmen. Die empfingen uns mit einem Seufzer der Erleichterung. „Gelobt sei

Rudi und Oscar Bortoluzzi

Jesus Christus! Es ist wieder alles gut gegangen." Dann berichteten wir an den langen Winterabenden, wie es uns ergangen war. Mit Staunen vernahmen sie unsere Geschichte von der Sonntagsmesse. Dorthin wurden wir vom Chef regelmäßig geschickt. Wir verstanden die Sprache nicht und schliefen eines Sonntags wirklich ein. Ein leicht buckliger Herr weckte uns, als die Messe zu Ende war und die Kirche sich leerte. Alida und ich wachten auf und lächelten verlegen, als hätte man uns bei einer Dummheit ertappt. Unser Chef wurde informiert. Er beschloss, uns beim nächsten Mal lieber etwas länger schlafen zu lassen als in der Kirche die Gläubigen zu stören." (Flora Bortoluzzi)

Auch ihre Schwester Maria Teresa folgte Flora nach Deutschland. Zwischen 1967 und 1970 war sie in München beschäftigt.

Im Jahr 1966 heirateten Oscar und Flora. Sie kannten sich schon seit ihrer Kindheit und hatten die gleiche Schule besucht.

Ihr Sohn Rudi und später auch Alberto kamen in Italien zur Welt. Oscar fand Beschäftigung in einer Schreinerei. Dort hatte er vor Jahren Angelo Bortoluzzi kennen gelernt. Von 1979 bis 1987 führte er mit seiner Frau Anna Maria und den Kindern Walter, Eddi und Daniela die Weezer Eisdiele, die sich in der Kevelaerer Straße befand. Ihr Eis fand auch in der Umgebung von Weeze guten Absatz, denn Walter besuchte mit einem kleinen Bus die umliegenden Ortschaften und Bauernhöfe, um das Eis anzubieten.

Im Jahr 1981, Rudi war damals 14 Jahre alt, entschloss sich die ganze Familie wieder nach Deutschland zu ziehen.

Der Junge war als Kind auf Fürsprache des Pfarrers Don Giovanni Maria Pancera, einem Bruder des Silvio, den Nonnen in einem Kindergarten anvertraut worden. Als Messdiener hatte er bei den Gottesdiensten mitgewirkt. Wenn der Pfarrer seine Reise nach Belluno antrat, war die Busfahrt selbstverständlich kostenlos. Oft nahm er die Kinder mit. Nachdem er die Kranken besucht hatte, wurden die

Kinder im Sommer zu einem Hörnchen mit Eis, im Winter zu einer heißen Schokolade eingeladen. Der Pfarrer begegnete allen Einwohnern mit Herzlichkeit. In einer Zeit, in der es weder Rechtsanwälte noch Psychologen gab, war er derjenige, der Mut machte und zur Tat aufforderte. Bei großen und kleinen Problemen stand er denen, die ihn aufsuchten, zur Seite in Anlehnung an den Bibelspruch „Der Herr ist großzügig und edelmütig zu denen, die ihn in der Not aufsuchen". Auf diese Weise genoss er Ansehen und Einfluss auch über die Grenzen seiner Pfarrei hinaus. Bei allen erfreulichen und traurigen Ereignissen seiner „Schäfchen" war er anwesend und fand zu jedem Anlass die passenden Worte.

Am Tag bevor Rudi mit seiner Familie nach Deutschland fuhr, besuchte er Don Giovanni Maria im Krankenhaus, in das er eingeliefert worden war. Am Ende überreichte der Pfarrer dem Jungen ein Paar Schuhe als Geschenk. Dieser war darüber sehr gerührt. „Ziehe sie an und folge meinen Spuren!" – diesen frommen Rat nahm er als versteckten Hinweis auf.

Mit seiner Tante Maria Teresa arbeitete er in Kerpen-Horrem bei Herrn Lino Campoagatin, einem Enkel von Herrn Pancera. Die Eltern waren während dieser Zeit mit Alberto in Oberhausen-Niederhausen beschäftigt.

Im Jahr 1987 schlug Angelo Bortoluzzi Oscar vor, die Eisdiele in Weeze zu übernehmen. An einem regnerischen Samstag im September kam die Familie in Weeze an. Nachdem sie die Autobahn verlassen hatten, lagen Getreidefelder und Wiesen vor ihnen. Auf einer Wiese weideten zahlreiche laut schnatternde Gänse. Familie Bortoluzzi war dort angekommen, wo sie hin wollte: In einer Gegend, wo die Natur noch intakt zu sein schien, weit weg vom Lärm der großen Stadt.

Sofort waren sie bereit, das Lokal zu übernehmen. Endlich konnten sie alle zusammen sein. Walter und Eddi blieben noch für kurze Zeit in Weeze, um die Kundschaft von der Geschäftsübergabe zu informieren.

Von Anfang an fühlten sie sich wohl im Ort. Es herrschte Ruhe, besonders in der Nacht. Es gab keinen Lärm von Polizeisirenen, keine aufheulenden Motorengeräusche zu schnell fahrender Autos.

Mit der Zeit lernten sie die Menschen näher kennen. Freundliche Worte wurden über die Theke beim Verkauf in beide Richtungen gewechselt.

Ein Kunde – Kalli Mülders – stellte sich im Lokal vor und meinte voller Begeisterung: „Ich Schalkefan!"

Rudi daraufhin: „Ich bin ein Juventusfan."

Jeden Tag beobachtete er von der Eisdiele aus einen Mann, der vorüberspazierte mit einer „Gazzetta dello Sport" unter dem Arm – ein Landsmann also. Wie er so dahinging, glich er einem gutherzigen Querkopf ganz mit seinen eigenen Gedanken beschäftigt. Gleich in der Nähe der Eisdiele öffnete er seine Haustür, um im Innern des Hauses zu verschwinden.

Nach der dritten Saison entschloss sich Familie Bortoluzzi die Eisdiele zu renovieren. Rudi und Alberto wurden in der Sparkasse bei Herrn Deloy vorstellig und überbrachten ihr Anliegen: einen hohen Kredit für die Modernisierung. Dieser

Maria Teresa Bortoluzzi in der Eisdiele Alpago

gab zu verstehen, dass Weeze nur ein kleiner Ort sei und fragte, ob es sich lohnen würde zu investieren. Sie würden auf jeden Fall eine hohe Verantwortung übernehmen. Rudi und Alberto waren bereit, diesen Schritt zu wagen. Mit den Besitzern des Hauses, Herrn Helmut Krahnen und seiner Frau Inge als Garanten, erhielten sie den gewünschten Kredit und konnten sogleich mit dem Umbau beginnen. Als dieser beendet war, kamen die Kunden mit Blumen und den besten Glückwünschen für die gelungenen Arbeiten.

Auch der Landsmann stellte sich vor und legte die „Gazzetta" auf den Tisch „Mario, der Unsterbliche". Das klang sehr überheblich. Als er bemerkte, wie ihn die Gesichter ringsum verblüfft und fragend anschauten, fügte er hinzu: „Ich bin derjenige, der den Tod besiegt hat." Auf diese Art des Hochmuts erhielt er sogleich eine Erwiderung: „Es ist eine Freude, einen neuen Jesus unter uns zu haben. Alle tausend Jahre kommt er zurück, um an seine Botschaft zu erinnern."

„Ja, so wird es sein", meinte er, als er seinen Namen nannte, der alles erklärte, „mein Name ist Mario Attanasio, und ich komme aus Apulien." Endlich war der Groschen gefallen. Seitdem kam Mario fast regelmäßig jeden Sonntag in der Frühe in die Eisdiele und genoss je nach Laune einen Espresso oder einen Cappuccino. Er war im Gegensatz zu Rudi ein Fan von AC Mailand, und die Auseinandersetzungen diesbezüglich waren vorprogrammiert. Wenn Juventus gewann, spendierte Rudi eine Runde Prosecco, war die Siegessträhne bei AC Milano, gab es für jeden von Marios Seite ein kühles Pils.

Kaum hatte das Lokal am Morgen geöffnet, erschien als erster Besucher am frühen Morgen Giuseppe Albaceli. Er kam in den Genuss der frisch zubereiteten Eissorten und verzehrte sie nach dem Sprichwort, das er gerne wiederholte: „Ci vei burli, lu ton vicinu, curcati prestu e bausate a matinu" („Wenn du

deinen Nachbarn verspotten willst, gehe früh zu Bett und stehe morgens früh auf"). Für Familie Bortoluzzi stand die Zeit nie still, es gab stets viel zu tun. Rudi und Alberto orientierten sich immer wieder neu und erfinden ausgefallene Eissorten und Zusammenstellungen, um die Kundschaft zu verwöhnen. Wenn sie nach langem Mischen und Probieren eine Neuheit entdeckt haben, wollen sie, dass sie auch allen Ansprüchen genügt und freuen sich, wenn sie das Einverständnis der Gäste findet.

Unterstützt werden sie tagtäglich von Oscar, der als Erster aus dem Bett springt, um mit der Eiszubereitung zu beginnen. In den Pasteurisierer schüttet er die Milch, in eine Schüssel gibt er die Eidotter, Zucker und Vanille, stellt die Uhr auf 88 Grad ein und bereitet dann die verschiedenen Eissorten zu.

Alberto sorgt hinter dem Tresen dafür, dass nichts fehlt: er legt das sauber polierte Besteck in die dafür vorgesehenen Behälter, ordnet die Becher in den verglasten Vitrinen, und sorgt dafür, dass verschiedene Soßen, Waffeln und Hörnchen ausreichend und griffbereit vorhanden sind. Mit seiner inneren Ruhe verbreitet er im geschäftigen Einsatz der Anderen Gelassenheit.

Zu Maria Teresas Aufgaben gehört es unter anderem, die täglichen Besorgungen zu tätigen. „Zu diesen Gelegenheiten", verrät die Familie, „hält sie mit Charme den Kontakt zur Kundschaft. Sie geht auf die Menschen zu, redet mit ihnen und ist immer irgendwie in Bewegung." Mit Zuvorkommenheit bedient sie die Gäste in der Eisdiele, kennt die besonderen Wünsche der Stammkundschaft. (Sie muss ein fabelhaftes Gedächtnis haben.) Energisch setzt sie sich durch ohne jemanden zu kränken, wenn etwas nicht in Ordnung zu sein scheint. Bei besonderen Anlässen innerhalb der Gemeinde ist sie zumeist diejenige, die die Familie anerkennenswert vertritt.

Bleibt zum Schluss Mamma Flora, die am Morgen in der Küche damit beschäftigt ist, ihre Familie mit liebevoll zubereiteten Köstlichkeiten zu verwöhnen, die neue Kräfte und Energie spenden. Und wenn sie am Nachmittag Zeit hat, erscheint sie im Lokal und springt überall dort ein, wo sie gebraucht wird. Seit der Zeit, als sie 1958 in Düren begann, hat sich Einiges verändert. Maschinen übernehmen einen Teil der mühseligen Arbeiten, die damals von Hand verrichtet werden mussten. Und dies ist unerlässlich, will man mit immer neuen Ideen die Liebhaber von schmackhaften Eissorten zum Wiederkommen verlocken.

Wenn die Vereine erscheinen und nach einem großzügigen Sponsor für ihre Aktivitäten suchen, ist Familie Bortoluzzi gerne bereit, diese zu unterstützen.

Das Schönste für alle aber sind die strahlenden Kinderaugen beim Betreten des Raumes angesichts der endlosen Köstlichkeiten, die sich hinter der Eistheke präsentieren und nur darauf warten, mit Genuss verzehrt zu werden. Das Beste ist es, wenn man von Rudi persönlich angesprochen wird, der mit Engelsgeduld wartet, bis die Entscheidung für die beste Eissorte gefallen ist. Unentschlossene nehmen „alles gemischt".

Wenn die Sonne ihr Bestes gibt und die Strahlen das Lokal erhellen, die geduldig wartende Schlange draußen endlos erscheint, gerät Rudi schon ins Schwitzen. Mit Herzlichkeit wird weiterhin jeder Einzelne individuell bedient, werden Hörnchen und Becher gefüllt und garniert, mit einem Lächeln vorsichtig in Pakete verpackt. Und so trägt jeder in Vorfreude auf den bevorstehenden Genuss ein Stück Italien mit sich nach Hause.

Alberto, Flora, Oscar, Maria Teresa und Rudi Bortoluzzi

Freundschaft kann nicht gesucht, erträumt,
begehrt, nur ausgeübt werden,
denn sie ist eine Tugend.

Simone Weil

XXI. Schicksale

Es war an einem Samstagnachmittag zwei Monate nachdem die GEGE-Werke Konkurs angemeldet hatten. Es klingelte an der Haustür, wir öffneten und eine junge Frau stieg schweren Schrittes die Treppen zu unserer Wohnung hinauf. Sie war von kleiner molliger Statur mit kurz geschnittenen, getönten Haaren. Ihr Gesicht war durchzogen von Lachfalten, aber ihre Augen schauten ziemlich traurig. Sie fielen mir zuerst auf. Wir grüßten uns, und sie nannte ihren Namen. Ich bat sie einzutreten. Durch die Küche gingen wir in unser kleines Wohnzimmer. Als sie auf der Couch Platz genommen hatte, erklärte sie den Grund ihres Besuches: Drei Jahre lang hatte sie mit einem Italiener zusammengelebt. Zu Weihnachten, nachdem ihm gekündigt worden war, hatte sie ihn zuletzt gesehen.

„Ich habe mich sehr um ihn gesorgt, habe ihn geachtet, habe für ihn Verantwortung übernommen, ihm Mut gemacht, habe ihn geliebt und ich liebe ihn immer noch." Tränen traten in ihre Augen, während sie mit mir sprach. „Unsere gemeinsamen Jahre leben in der Erinnerung weiter, er kann mich nicht vergessen haben." Mit der Zeit beruhigte sie sich und atmete durch, langsam nahm sie eine Tasse Kaffee in die Hand und trank. Sie fuhr in ihrer Erzählung fort: „Zum ersten Mal beobachtete ich ihn, als er mit seinen Freunden und Landsleuten beim Fußballspiel trainierte. Viele Deutsche bewunderten die Ballkünste der Italiener, die ihnen auf dem Rasen dargeboten wurden. Körperhaltung, Bewegungen waren perfekt einstudiert. Auch die Theatralik bei Stürzen und Niederlagen. Bewundernswert war die Eleganz, mit der der zugespielte Ball gestoppt wurde, nur leicht berührte ihn die Schuhspitze, um danach mit einem starken scharfen Pass in Richtung des Gegentors, wo sich ein gut platzierter Spieler befand, unhaltbar für den Torwart ins Netz geschossen zu werden. Alles geschah lässig und scheinbar ohne Mühe. Die Zuschauer belohnten die Darbietungen mit herzlichem Beifall.

Während der Kirmestage trafen wir uns bei den Wagen, den Schießbuden, an den Karussells, in den Lokalen, wo zum Tanz aufgespielt wurde. Ich habe ihn angesprochen, und danach trafen wir uns öfter."

Irgendwann ist er, ohne einen Grund zu nennen, einfach weggefahren. Sie bat mich, einen Brief ins Italienische zu übersetzen, den sie in den Süden schicken wollte; die Adresse hatte sie von einer Freundin bekommen. Dann überreichte sie mir den Brief. In ihm hatte sie niedergeschrieben, dass sie sich Sorgen machte. Sie wollte wissen, ob er krank sei. Sie warte auf ihn. Er solle ihr auf jeden Fall antworten und wenn es nur ganz kurz sei. Den Mann hatte ich

Giuseppe Rapisarda (links) mit seiner Fußballmannschaft

nie kennen gelernt. Aber sie hatte mich von ihren Ängsten überzeugt, und ich nahm Stift und Papier und übersetzte ihre Worte. Als ich fertig war, bedankte sie sich, steckte mit einem Seufzer der Erleichterung das Papier in ihre Tasche, bedankte sich noch einmal und verließ die Wohnung.

Zwei Wochen waren seit dieser Begegnung vergangen, es war wieder an einem Samstagnachmittag, als es klingelte. Meine Frau öffnete die Tür, auf der Holztreppe erkannte ich den schweren Schritt wieder. Meine kleine Tochter Teresa war mit mir auf dem Sofa beschäftigt, als die Dame auf der Schwelle stand. Ich erkannte sie sofort. Ihr Gesicht war leicht gerötet, die Augen verweint. Sie wollte nicht stören, gab sie zu verstehen, nur einen Brief zeigen. Natürlich störte sie nicht. Während sie Platz nahm, übergab sie mir den Brief zum Lesen:

Maria, ich lese deine Brief. Ich brenne deine Brief. Timoteo ist mein Mann. Timoteo und ich haben 5 Kinder. Du vergessen Timoteo. Nicht wollen wissen nichts mehr. Du suchen ein ander deutsch Mann. Gute Glück.

Die junge Frau versuchte ruhig zu bleiben, als ich sie anschaute. Sie erklärte, dass sie verstanden habe. Die Italienerin hatte auf Deutsch geschrieben, um ihren Mann zu schützen, nur sie sollte davon erfahren.

Drei Jahre hatte sie allerdings mit diesem Mann zusammengelebt, weil er ihr versichert hatte, ungebunden zu sein und sie heiraten zu wollen. In den Ferien, wenn er in den Süden fuhr, hatte sie für seine Eltern und Geschwister ein Paket mit Geschenken mitgegeben. Sie hatte während dieser Zeit für ihn gesorgt, hatte ihn geliebt, während er eine Rolle gespielt hatte.

Meine Frau stellte Kaffee auf den Tisch, die junge Frau nahm die Tasse in die Hand, trank einen Schluck und begann, sich zu beruhigen. Natürlich war sie zutiefst enttäuscht. Ihr war klar, dass alles vorbei war. Sie lachte Teresa zu, während sie von sich zu erzählen begann. Geduldig hörte ich ihre Geschichte an. „Was würden sie mir raten?", fragte sie mich. „Ich bin nicht derjenige, der Ratschläge erteilt." Und da sie mich fragend anschaute, fügte ich hinzu: „Fangen Sie in einer anderen Umgebung ein neues Leben an!" Ich hatte Briefe von Italienerinnen gelesen, die ihre Rivalinnen in Deutschland heftig beschimpften und ihnen drohten. Dieser Brief war sehr vernünftig geschrieben von einer Frau und Mutter von fünf Kindern, die die Vergangenheit ihres Mannes vergessen machen wollte und einen neuen Anfang wünschte. Das versuchte ich zu erklären. Ich würde auf dieses Anliegen eingehen, so schwer es mir fallen würde. Während ich sprach wurde sie ruhiger. Der Fluss der Tränen nahm ab, sie wischte ihre Augen. Für einige Momente war sie wie abwesend, in ihre vergangene Welt zurückgekehrt. Dann kam sie wieder zu sich. „Ich bedanke mich bei Ihnen", sie erhob sich. „Falls sie wiederkommen wollen, tun sie das!"

„Vielen Dank!" Liebevoll streichelte sie das Gesicht meines Kindes, dann ging sie zur Tür. Ich habe sie nicht mehr wiedergesehen.

Andere Ereignisse beunruhigten die Menschen nach der Schließung der Fabrik, vor allem wenn das Monatsgehalt nicht regelmäßig kam. Landsleute,

denen es besser ging, wurden ebenfalls um Hilfe gebeten. Mir sind Menschen mit diesen stillen Gesten bekannt, die bereit waren zu unterstützen, ohne ein Zurückgeben zu verlangen. Menschen, die als Friedensstifter tätig waren, indem sie dort wo Auseinandersetzungen stattfanden, energisch für Entspannung und Gelassenheit sorgten. Menschen, die die Freundschaft lebten. Sie alle werden anonym bleiben. Es ist mir ein Bedürfnis, ihnen ein Lob auszusprechen, einen Beifall in Dankbarkeit zu spenden. Sie haben das menschliche Zusammenleben mit ihren Worten und Taten bereichert aufgrund ihrer Einsicht, dass letztendlich unser Glück von anderen Menschen abhängt.

Der Mensch ist ein Produkt des Menschen,
der Kultur, der Geschichte.

Feuerbach

XXII. Eine Partnerstadt für Weeze: Comacchio!?

In den Osterferien 1976 fuhren wir mit einer Gruppe von deutschen Studenten und Jugendlichen, die vornehmlich mit der SPD symphatisierten, nach Comacchio. Wilfried Redlich hatte mit den dortigen Sozialisten ein Treffen organisiert. Mit zwei Wagen machten wir uns auf die lange Reise. Die Fahrt war bestens vorbereitet, sodass wir zügig und sicher unser Ziel erreichten.

Hartmut Becken, Herbergsmutter, Vincenzo Sacco,
Winfried Redlich in Comacchio

Als wir Chioggia durchquert hatten, stellten wir fest, dass der zweite Wagen, der sich hinter uns befand, nicht mehr folgte. Wir hielten am Straßenrand an und warteten einige Zeit. Als uns das Warten zu lange währte, machten wir kehrt und fuhren zurück, um die Anderen zu suchen. Auf der linken Seite, bevor die Straße des Ortes in die Hauptstraße mündete, standen unsere Mitfahrer in Begleitung zweier Carabinieri. Wir hielten an. Ich stieg aus, stellte mich vor und erkundigte mich nach dem Grund des Vergehens. Der Fahrer, der nichts verstanden hatte bisher, sei mit überhöhter Geschwindigkeit durch die Stadt gefahren, erklärte man mir. Deshalb sollte er sofort seinen Führerschein abgeben und eine Geldstrafe von 15.000 Lire bezahlen. Ein schwerer Fall. Bald schon geriet das Gespräch in freundlichere Bahnen. Ich berichtete den beiden Carabinieri von unserem Vorhaben und von unserer Geldknappheit. Einer der Beiden erzählte uns, dass er einige Zeit bei Mercedes in Sindelfingen gearbeitet habe bevor er sich entschloss, Polizist zu werden. Er kannte die strengen Verkehrsregeln in Deutschland. Wie ich war er in Sizilien geboren. Zu Beginn der Verhandlungen bestanden die Beamten darauf, dass die Strafe in voller Höhe bezahlt werden müsse. In Deutschland sei dies nicht anders! Nun, wir waren aber in Italien. Während wir uns mit den

Polizisten über die neue Arbeit, die Gefahren und die schlechte Bezahlung unterhielten, stand unser Freund immer noch betroffen und sehr blass am Straßenrand. Dann erörterten wir erneut über die Geldstrafe. Der Autofahrer wurde am Ende strengstens ermahnt, beim nächsten Mal vorsichtiger zu sein und musste für seine Geschwindigkeitsübertretung 2.000 Lire bezahlen. Ich bedankte mich, wir umarmten uns und wünschten uns für unsere weiteren Vorhaben viel Glück. Dann konnten wir die Fahrt fortsetzen.

In Comacchio wurde unsere Delegation mit Herzlichkeit empfangen. Die Genossen luden uns zu einem ausgedehnten Abendessen mit Spezialitäten aus der Region ein. Im Laufe unseres Aufenthalts wurden interessante Gespräche geführt. Exkursionen brachten uns den Ort mit seinen Sehenswürdigkeiten, den Kanälen und alten Brücken näher, auch die nähere Umgebung wurde uns vorgestellt. Comacchio ist bekannt für seine Aalzucht, und ein Essen in einem Restaurant mit typischen Delikatessen wurde uns ebenfalls serviert. An den Abenden diskutierten wir mit den Geladenen in vollen Sälen über die verschiedenen politischen Ansichten und Neuigkeiten: das Verbot der kommunistischen Partei in Deutschland, die Macht der Kommunisten in Italien, die Weltpolitik nach dem Bau der Mauer.

Auch die Möglichkeit einer Partnerschaft mit Weeze wurde in Erwägung gezogen. Die Tage vergingen in Windeseile, und als wir den Ort verließen, wussten wir, dass wir neue Freunde gewonnen hatten. Auf beiden Seiten kam der Wunsch zum Ausdruck, sich in Weeze bald wiederzusehen.

Ein späteres Zusammentreffen kam nicht mehr zustande. Impulse, die in Italien zunächst so erfolgversprechend gesetzt worden waren, fanden keine Fortsetzung.

Ich hatte drei Stühle in meinem Hause,
einen für die Einsamkeit,
zwei für die Freundschaft,
drei für die Gesellschaft.

Thoreau

XXIII. Steh auf, fang neu an!

Ende 1976 begegnete ich einem Landsmann. Er war sehr niedergeschlagen, tieftraurig, als ich ihn ansprach. Langsam und stockend begann er, von seinem Leben zu erzählen: von seiner Kindheit in Armut, der Jugendzeit, der Heirat, der Reise nach Deutschland. Es waren Stationen eines Weges, in denen er oft nicht bestimmend an seinen Entscheidungen mitgewirkt hatte, sondern wie in einer Flut mittransportiert worden war. Nach einiger Zeit hatte er sich von seiner Familie getrennt und ein neues Leben mit einer Frau begonnen, die Deutsche war. Dann folgten, die Entlassung, die Arbeitslosigkeit, die Trennung, die Einsamkeit. Er fühlte sich wie ein herumstreunender Hund, der ein unstetes Leben führte, so wie er es in seinem Heimatdorf erlebt hatte, allerdings mit dem Unterschied, dass ihm niemand Steine hinterher warf.

In dieser Situation trieb es ihn zurück zu seiner Familie, die er damals verlassen hatte. Er wollte ein guter Ehemann sein, ein guter Vater, um Verzeihung bitten und neu anfangen. Er wünschte, dass ich seine Empfindungen und Gefühle seiner Frau und den Kindern mitteilte. Ich hatte Verständnis für ihn, denn ich wusste, dass viele seiner Entscheidungen durch Armut, den Einfluss von Menschen, mit denen er sich traf, durch Illusionen und Träumereien getroffen worden waren. Er war weit weg von dem Ziel, das er durch ein bewusstes Handeln hätte erreichen können.

Ich traf mich mit seiner Familie, die damals im Nachbarort wohnte. Sie fühlte sich durch ihn gedemütigt und erniedrigt und war nicht bereit, sich mit ihm auszusöhnen. Ebenso wie bei ihm waren die Spuren eines Lebens voller Dramatik nicht an ihnen vorübergegangen.

Als ich meinem Landsmann den Verlauf des Gesprächs mitteilte, war er resigniert. Er sprach kein Wort, als er sich gesenkten Blickes von mir trennte. Solange ich lebe, werde ich mich an diesen gebrochenen Menschen erinnern und an all diejenigen, die obwohl sie in einer freien Gesellschaft leben, nicht die Kraft und den Willen besitzen, eigene Entscheidungen zu fällen für ein Leben, das ihnen vorschwebt und für das es sich zu leben lohnt.

Wenn ich über mich nachdenke, muss ich zugeben, dass auch ich mich gelegentlich von Ereignissen habe überrumpeln lassen. Doch auch in solchen Situationen wurden mir, von wem auch immer neue Energien geschenkt, die mir bedeuteten: Alzati! Steh auf, fang neu an!

Wissen ist die Verwandlung des Menschen,
der mit dem Wissen selber wirklich wird,
was er später sein kann. Er hat nicht mehr bloß ein Wissen,
das er verwenden kann, sondern er ist das Wissen geworden,
das er selbst wirkt.

Jaspers

XXIV. Insieme per vivere meglio

Vincenzo Sacco und Tonino Ramirez

Im Januar 1977 musste ich beruflich einen Neuanfang starten. In Weeze gab es für mich keine Lehrerstelle mehr, nachdem viele italienische Schüler sich mit ihren Eltern wieder zurück auf den Weg nach Italien gemacht hatten.

Ich erhielt eine Anstellung in Haan. Da meine Frau gerne in Weeze und in der Petrus-Canisius-Schule bleiben wollte, wohnten wir weiterhin in Weeze. In Haan warteten fast 30 Schüler im Alter zwischen sechs und sechzehn Jahren auf mich. Dabei

Schmackhafte Pizzas gab es bei Antonio Ramirez

111

Ergebnisprotokoll
==================

über das Gespräch mit Vertretern des Circolo Italiano "Amicizia"
Weeze am Montag, dem 23. Juni 198o
Beginn: 19.oo Uhr
Ende: 2o.45 Uhr.

Teilnehmer:

Gleumes, Albert,   1.stellv. Bürgermeister
Kotters, Roswitha,   Vorsitzende des Ausschusses für Kultur,
                          Jugend- und Erwachsenenbildung
Lomme, Jakob,   Pfarrer der St. Cyriakus-Pfarrkirche
Don Frara,   italienischer Pfarrer
Terhorst, Josefine,   Caritasverband
Gödde,   Gemeindedirektor

Die Mitglieder des Vorstandes:

Sacco,   Vorsitzender
Ramirez,   stellv. Vorsitzender
Albaceli, L.   Sekretär
De Matteis,   stellv. Sekretär
Romano,   Kassierer
Malerba,   Kassierer
Albaceli, G.   Organisator für Veranstaltungen

Der Vorsitzende des Komitees Circolo Italiano "Amicizia" Weeze,
Herr Sacco, trägt das Anliegen der italienischen Einwohner in Weeze
und Goch vor. Er bezieht sich auf sein Schreiben vom 2o.3.198o an den
Bürgermeister, in dem alle Anregungen und Wünsche aufgeführt sind.
Don Frara schildert, wie das Zusammenleben seit Mitte der 6oer Jahre
zwischen italienischen und deutschen Einwohnern gewesen ist und
sich entwickelt hat. Er dankt insbesondere Pfarrer Lomme, der sich
in hervorragendem Maße der italienischen Mitbürger angenommen hat.

Das Gespräch beginnt mit den schulischen Problemen. Herr Gödde bittet
darum, diese Fragen auszuklammern und sie einem späteren Gespräch zu
überlassen, weil dazu die Schulleiter und ein Vertreter des Kreis-
schulamtes eingeladen werden.
Die weiteren Fragen werden eingehend diskutiert, wobei zum Ausdruck
kommt, daß dem optimalen Wunsch, den italienischen Einwohnern einen
Raum bzw. Räume zur Verfügung zu stellen, um sich ständig dort
aufhalten zu können, zur Zeit nicht erfüllt werden kann. Pfarrer
Lomme stellt das Gesprächszimmer und ein ca. 3o qm großen Raum, der
bereits seit 1975 (Fertigstellung des Pfarrheimes) für die Italiener
bereitgehalten wird, öfter zur Verfügung als bisher.
Vorschlag: Für Frauen von 15.oo - 17.oo Uhr und für Männer, weil sei
meist arbeiten, von 18.oo - 22.oo Uhr. Küche und Saal können nach
vorheriger Vereinbarung genutzt werden.
Herr Gödde bittet darum, daß über die von Frau Terhorst durchge-
führten Gesprächsstunden hinaus, Kontaktpersonen aus der Verwaltung
sich mit Vertretern des Vorstandes öfter zusammenfinden, um "Dinge
des täglichen Lebens, also verwaltungsinterne Angelegenheiten"
unmittelbar erledigen zu können.

Frau Kotters als Vorsitzende des Kulturausschusses verweist darauf,
daß interessierte Italiener sich an Kursen der VHS beteiligen könnten.
Sie stehe für Fragen kultureller Art und anderes selbstverständlich
zur Verfügung. Es wird vereinbart, daß die Vorstandsmitglieder zur
nächsten Kulturausschußsitzung eingeladen werden, um ihr Anliegen
dort vorzutragen.

Das Gespräch ist erfolgversprechend verlaufen.
Alle Teilnehmer sind bereit, sich dafür einzusetzen, daß die
Kontakte zwischen italienischen und deutschen Bewohnern
intensiviert werden.

hintere Reihe: Luigi Albaceli, Giovanni Ligresti, Franco Piconese, Vincenzo Sacco mit Elisa, vordere
Reihe: Donato de Lorenzo, Giuseppe Malerba, Kathrin Janssen

Wahlhelfer: Concetto Virgillito, Paolo Puglisi, Vincenzo Sacco, Antonino Sinatra, Tonino Ramirez

wurde mir klar, dass ein Weg für die Kinder der bessere war: Die Eingliederung in die deutschen Regelklassen mit einer besonderen Unterstützung vor allem am Anfang im Bereich der Sprache, so wie es später auch umgesetzt wurde.

Ich erlebte, dass nicht nur ausländische Schüler Probleme hatten, entsprechend ihrer Fähigkeiten gefördert zu werden, sondern dass alle Kinder, die weder von der Schule und schon gar nicht vom Elternhaus im Lernprozess unterstützt wurden, ähnliche Schwierigkeiten hatten. Die Begabungen, die in ihnen steckten, kamen selten zum Tragen und wenige hatten die Möglichkeit, in den weiterführenden Schulen voranzukommen in einem Schulsystem, das auf Selektion basierte. Gerade in Haan war diese Kluft zwischen den Schülern sehr deutlich: So kamen die Einen aus den Villenhaushalten der Eltern, die tagsüber ihr lukratives Einkommen in Düsseldorf hatten, während die restlichen in den Mietshäusern der Arbeiter zuhause waren. Es war klar, dass die Kinder von Eltern des gehobenen Standes anders angesprochen wurden, als die Kinder einfacher Leute. Ähnliches erlebte ich später in Oberhausen, als ich dort tätig war. Gegen diese Selektion sprach ich mich offen in Seminaren aus, als es um die schwierige Eingliederung der ausländischen Schüler in die deutschen Regelklassen ging.

Zu meinem Abschied als Lehrer in Weeze erschien Frau Maria Furnari, um mir als Dank für meine Tätigkeit einen Blumenstrauß zu überreichen.

Kehren wir nun zur „Geschichte der Italiener in Weeze" zurück. Im Jahr 1978 stand fest, dass ich mit meiner Familie in Weeze bleiben würde. Da kam mir die Idee, einen Verein zu gründen. Herr Antonio Ramirez hatte gegenüber von unserer Wohnung in der Wasserstraße einen Lebensmittelladen eröffnet, den er später in eine der ersten Pizzerien von Weeze umfunktionierte.

Ich besuchte ihn und offenbarte meine Pläne. Herr Ramirez hatte 1964 bei den GEGE-Werken angefangen, später in Laarbruch dann in Kleve als Kellner gearbeitet. Aufgrund seiner Erfahrungen war er der Meinung, dass es in dieser Gegend unmöglich sei vor allem nach der Schließung der Fabrik, wo es viele weg von Weeze zog, die Landsleute zu motivieren einen Verein zu bilden. Andere hatten vor Jahren ebenfalls diesen Versuch gewagt und waren gescheitert: Am Anfang wurde ein großartiges Feuer entfacht, das schnell erlosch, weil der Hauch von Sauerstoff fehlte, um eine lebendige Flamme zu erzwingen.

Trotz seiner passiven mehr ablehnenden Haltung einigten wir uns, die „Freunde" zu benachrichtigen und zu überzeugen. Allerdings sollte es schwer werden, *Siciliani, Calabresi, Pugliesi* zu bewegen, zusammen aktiv zu werden zum Wohle der Gemeinschaft. In jener Zeit war eine allgemeine Unlust bemerkbar, und der Wagen konnte irgendwie nicht zum Weiterfahren (auf den Weg) gebracht werden. Zuvor schon hatten die Rektoren der beiden Weezer Schulen in der „Rheinischen Post" am 15.10.1975 geäußert, dass sie das Problem der Eingliederung der italienischen Schüler nicht in den Griff bekämen. Am Ende wurde festgestellt. „Italiener wie Deutsche verstehen einander nicht." Diese Entwicklung hatte sich in den vergangenen Jahren nicht zum Positiven verändert, obwohl angemerkt wurde, wie gut die italienischen Schüler Weezer Platt sprachen.

„Wozu brauchen wir einen Verein?", fragten sich die meisten, wenn die deutschen Pädagogen vom gemeinsamen Miteinander negative Ansichten hatten.

„Wir sind launisch und wechselhaft wie der Mond: Die Begeisterung hält kurz an, heute spenden wir Beifall und morgen schon verschmähen wir die gleiche Sache sobald nur ein geringfügiger Anlass dazu geboten wird."

Während dieser Zeit eröffneten in den verschiedensten Städten und Orten Pizzerien, Restaurants, Eisdielen und Lebensmittelläden, die Produkte und Köstlichkeiten aus Italien zum Genießen anboten.

Im Lokal von Herrn Ramirez gab es in der Nähe der Theke eine Möglichkeit, an einem Ecktisch vor dem großen Fenster zusammen zu sitzen und zu diskutieren. Fast schien es vergebens, die Bedeutung eines Einlebens in die Gesellschaft zum Thema zu machen und sich mit Bewusstsein und verantwortlich einzubringen, um einen unverwechselbaren Beitrag zu leisten. Nicht nur ein Fest im Jahr sollte organisiert werden, wir wollten mitwirken in allen Bereichen der Gemeinde. Das fanden zahlreiche Gesprächsteilnehmer übertrieben, denn „man konnte nicht den Himmel mit Fäusten schlagen".

Den meisten reichte es, am Wochenende ein Gespräch über die Arbeitsstelle zu führen, über die schulische Situation der Kinder, die nicht zum Besten stand, da viele keinen Abschluss erreichten und deshalb keine Lehre antreten und eine Berufsausbildung erreichen konnten. Das war die Situation im Jahr 1978.

Beharrlich trugen wir unser Anliegen vor, einen Verein zu gründen. Bei so viel Einsatz war eine erste Gruppe von Landsleuten geneigt, das anstehende Weihnachtsfest vorzubereiten.

Per Rundschreiben wurden die Italiener aus der Umgebung informiert. Der Missionar sollte die Messe zelebrieren. Wir sammelten in den Weezer Geschäften Preise für eine Tombola, bestellten Getränke für den Abend, dazu bereitete ein Freund in seiner Pizzeria kleine Leckerbissen. Bis in die frühen Morgenstunden dauerte das Fest, es wurde gespielt, geplaudert, getanzt, gesungen. Als die Gäste müde und zufrieden nach Hause fuhren, blieb für die Organisatoren noch jede Menge zu tun, denn der Saal musste gereinigt werden. Nach Abzug der Kosten freuten sie sich, einen stolzen Betrag übrig behalten zu können, den sie nicht unter

Zeitungsbericht vom 25.02.1993

60. Geburtstag von Giuseppe Albacielli

Großes Fest der Italiener
Viva Carnevale im Pfarrheim

Weeze. Karnevalszeit - Zeit des Feierns und des ausgelassenen Beisammenseins nicht nur für In- mittlerweile auch für Ausländer zur Tradition geworden. Am späten Samstagabend begann die Karnevalsfeier der Italiener aus Weeze, Goch und Uedem im bunt dekorierten Saal des Weezer Pfarrheims.

Für Stimmung und Tanzmusik sorgte das Duo Tropical mit bekannten alten und neuen, deutschen und italienischen Schlagern.

Die Überraschung des Abends war, als ein Teil des Weezer Musikvereins unter der Leitung von Theo Pohl mit schmissiger Musik in den Saal einmarschierte. Die Wogen der Begeisterung schwappten über, als Tanzkapelle und Musikverein miteinander improvisierten und alle Gäste zu Polonaisen und Tänzen aufforderten. Theo Pohls Idee, den in Weeze lebenden Italienern mit diesem Besuch seine Verbundenheit zu zeigen in einer Zeit der Ausländerfeindlichkeit, wurde mit viel Schwung in die Tat umgesetzt. Enzo Sacco bedankte sich für diese spontane Geste und wies darauf hin, daß die Italiener in Weeze lange schon als Freunde angenommen wurden.

Nachdem man gemeinsam

auf Theos Geburtstag angestoßen hatte, zog der Musikverein aus, um neuen Besuch Platz zu machen. Angekündigt hatte sich die Tanzgruppe der 1. GGK (Große Gocher Karnevalsgesellschaft) Rot-Weiß unter der Leitung von Gilla Röös. Die Show zu heißen Rhythmen wurde mit Begeisterung aufgenommen, und manchem Karnevalisten wurde heiß unter seiner Kostümierung. Erst nach einer Zugabe und bedacht mit einem Geschenk und Blumen in den Landesfarben grün-weiß-rot wurden sie aus dem Saal entlassen.

So ging das Fest.. nicht seinem Ende zu. Der zweite Teil begann und auch Pastor Babel ließ es sich nicht nehmen, reinzuschauen und kurz mitzufeiern.

Als die letzten Zecher den Saal verließen, begrüßten sie die ersten Strahlen der Morgensonne. abends.

sich aufteilen sondern auf ein Sparbuch einzahlen wollten, um ihn für weitere Gelegenheiten nutzen zu können.

Unser Vorhaben hatte einen guten Anfang gefunden. Auch Landsleute, die bis dahin jeglichen Kontakt gemieden und sich isoliert hatten, gesellten sich zu uns.

So formte sich eine Gruppe, die sich solidarisch erklärte, miteinander und füreinander zu haften. 1979 hatte sich diese Gruppe bereits zu einem Verein formiert, der allerdings nur aus Männern bestand.

Als im Juni das Europäische Parlament gewählt werden sollte, schafften wir es, im Rathaus ein Wahllokal einzurichten für die Wahlberechtigten aus dem Kreis Kleve, aus den Städten Moers und Wesel. Den angereisten Landsleuten stellten wir uns als Verein vor. Auf einen Namen hatten wir uns geeinigt: „Amicizia".

Englischer Fotograf, John Jansen und Karl Gödde

Natürlich gab es diesbezüglich jede Art von Bemerkungen und Sprichwörtern:
"Amico di buon tempo mutasi col vento." – *„Freunde in guten Zeiten ändern sich mit dem Wind."*
"Un ti fidari e chini ha la nasca ccù dua grupi." (in pugliese) – *"Vertraue niemandem, der eine Nase mit zwei Löchern hat."*

Und die Calabresi äußerten sich: „Amicu ed amuri'i canusci alli duluri." – *„Freunde und Liebe erkennst du an den Schmerzen."*

"Guardati dall'invidia dell'amico." – *„Achte auf den Neid deines Freundes."*

È di Napoli, pugliese	*„Ob aus Neapel oder Apulien,*
forse sardo o calabrese	*vielleicht Sarde oder Calabrese,*
lucano, siciliano	*Lukaner oder Sizilianer,*
cosa importa è italiano!	*Lukaner oder Sizilianer,*
E se è italiano basta già.	*das Einzige was zählt, er ist Italiener.*
	Und wenn er Italiener ist, reicht das.

Meine Vorstellung dazu habe ich in der Schrift „Incontri" deutlich gemacht. Freundschaft ist lebendiges Handeln in Gemeinschaft, miteinander in den Dialog treten, lachen, planen, sich erfreuen können am erreichten Erfolg, sich gegenseitig Mut machen bei neuen Herausforderungen. Meinungsverschiedenheiten müssen aufrichtig ausgetragen werden können im Hinblick auf das zu erreichende Ziel. So wächst Vertrauen zueinander und gegenseitige Achtung

Am 23. Juni 1980 war ein wichtiger Tag für den Circolo „Amicizia": Im Rathaus hatten wir ein Treffen mit Gemeindedirektor Herrn Karl Gödde, der uns offiziell die Schlüssel zu einem Raum im Pfarrheim überreichte. Endlich hatten wir einen Treffpunkt.

*Der Tod ist ebenso wie die Geburt ein Geheimnis der Natur,
hier Verbindung, dort Auflösung derselben Grundstoffe.*

Marc Aurel

XXV. Ricordi

Zur Erinnerung an Brunhilde Piconese

Der Verein war gegründet. Eine der ersten, die ihn aktiv unterstützte, war Brunhilde Piconese. Sie kannte die Italiener bereits, bevor sie Franco heiratete. Mit ihrer Familie wohnte sie in der Wasserstraße fast neben der italienischen Eisdiele. Wie andere junge Mädchen gehörte sie zur Stammkundschaft. Natürlich lockte sie auch die Neugier hierher, denn es galt, beim Eisessen neue Bekanntschaften zu machen.

Mit der Zeit erlernte sie die italienische Sprache. Es entwickelten sich erste Bekanntschaften, ein Miteinander entstand. Durch ihre Heirat wurden die Beziehungen familiärer. Sie wurde von den Italienern geduzt und sie ihrerseits duzte sie alle. Sie besaß die Freiheit, klar und deutlich ihre Meinung zu vertreten und diese Art des Auftretens kam uns zugute, als sie

Brunhilde Piconese in der Eisdiele,
rechts: Demetrio Vartolo

Brunhilde Piconese, Rosanna de Carlo, Immacolata Romano,
Waltraud Reynolds, Pia Jansen, Angela Reynolds

Mitglied des Vereins wurde. Wenn es notwendig wurde, konnte sie kritisch denjenigen zurechtweisen, der die ihm angetragene Aufgabe nicht mit Sorgfalt erledigt hatte oder den angesetzten Zeitraum nicht einhielt.

Den Dialekt verstand sie bestens – aus diesem Grund wurde ihr manches offenbart – vor allem dann, wenn kritische Bemerkungen in Bezug auf die

Arbeit des Vereins kamen. Da kannten sie Brunhilde aber schlecht. Lamentieren war ihr unbekannt und so wies sie energisch jeden in seine Schranken: Bei ihr zählten nur Taten.

Wenn wirklich ihre Hilfe benötigt wurde, wirkte sie tatkräftig mit: Beim Herrichten des Saals fasste sie mit an, gab Anweisungen, um später beim Aufräumen wieder dabei zu sein. Zwischendurch feierte sie nach Herzenslust mit und kannte vor allem beim Tanzen keine Müdigkeit. Beim Nähen der Karnevalskostüme unterstützte sie tatkräftig, beaufsichtigte die Mädchengruppe, wenn wir nach Köln zu den italienischen Bundesjugendspielen fuhren, stand am Herd und bereitete landestypische Delikatessen zu während des Pfarrfestes.

Nach einiger Zeit kam eine Anfrage seitens des Pfarrgemeinderates, den Verein in diesem Gremium zu vertreten. Der Circolo entschied sich für Pia Janssen und Brunhilde Piconese. Herr Pastor Lomme wurde informiert und es gab seinerseits keinen Widerstand. Doch nun mischte sich der italienische Missionar ein, der nach seiner Meinung selbst entscheiden wollte, wer die Vertreter sein sollten. Er legte die Personen fest, ohne mit dem Vorstand Rücksprache genommen zu haben.

Gewiss ließen wir uns diese Anmaßung nicht gefallen, aber die beiden Damen waren bereit zu verzichten, um eine Auseinandersetzung zu vermeiden.

Zwischendurch in den Pausen zündete Brunhilde sich schweigend eine Zigarette an, betrachtete mit Gelassenheit den Rauch, der zur Decke schwebte und war bereit zu neuen Einsätzen.

Der Vorstand des Circolo und alle, die unsere Gäste waren, haben Brunhilde viel zu verdanken.

Bundesjugendspiele in Köln, hinten Eheleute Piconese, Piera Battolini und Vincenzo Sacco mit den Jungen und Mädchen aus Weeze

*Sobald der Geist auf ein Ziel gerichtet ist,
kommt ihm vieles entgegen.*

Goethe

XXVI. Das Fest kann beginnen!

Im Dezember 1980 feierten wir in großem Stil auf italienische Weise unser Weihnachtsfest. Der damalige Bürgermeister Herr Karl Willems und seine Gattin genossen gemeinsam mit uns Spezialitäten aus unseren Regionen vor allem die mit Schinken, Käse, Artischocken und Oliven belegten Brötchen. „Eine gelungene Feier!", betitelte die „Rheinische Post" unsere Art, Weihnachtsfeiern zu gestalten.

Weihnachtsfest: Panettoni für die Erwachsenen, Geschenke für die Kinder und eine Tombola für alle. Das Fest kann beginnen!

Italienische Mitbürger feierten im Weezer Pfarrheim

Schinken und Oliven zum Weihnachtsfest

Von unserer Redaktion

Weeze – Eine wunderschöne Weihnachtsfeier veranstalteten am Samstagnachmittag bis in den Abend hinein die italienischen Mitbürger der Gemeinde Weeze. Auf dem Programm stand alles, was zu einer zünftigen Weihnachtsfeier dazugehört, und sogar noch ein bißchen mehr. Vor rund 300 Landsleuten trugen kleine Italiener und Italienerinnen mit viel Einfühlungsvermögen im Saal des Pfarrheims die Weihnachtsgeschichte vor, sagten Gedichte auf, sangen. Und wie schön, daß dabei auch die deutschen Gäste, unter ihnen Bürgermeister Karl Willems, voll auf ihre Kosten kamen: Denn oft völlig akzentfrei präsentiert die kleinen, hübsch verkleideten Südi..., der Festliches in deutsch.

Und welche Überraschungen, als dann der Weihnachtsmann mit einem großen und gut gefüllten Sack mitten im Saal stand und für sämtliche Kinder ein kleines Präsent parat hatte – Spielzeug, Apfel, Nuß und Mandelkern. Parallel lief eine Verlosung, bei der schöne Preise zu gewinnen waren, größtenteils von italienischen Frauen selbst gebastelt und gehäkelt. Da auch die Weezer Geschäftswelt tüchtig gespendet hatte, konnten schließlich viele Besucher mit einem Gewinn in der Tasche nach Hause gehen.

Zwischendurch gab's flotte Rhythmen, zu denen auch getanzt wurde, um das Sitzfleisch wieder zu lockern. Eine für deutsche Gäste wohl etwas ungewöhnliche Art, Weihnachten zu feiern, aber wie sich zeigt eine sehr ansprechende Art und Weise: Im Vordergrund standen die Geselligkeit und die Fröhlichkeit – nicht das steife Drumherum mancher deutscher Feier.

Ganz zum Schluß dann noch etwas typisch Italienisches: Den Gästen wurden Spezialitäten aus dem Heimatland serviert: Käse, eine bestimmte Art Schinken, Oliven, Brötchen und Artischocken. Wirklich eine gelungene Feier!

Wir steigerten uns in unseren Aktivitäten
Am 14. Juni 1981 beteiligten wir uns an der ersten Weezer Straßenparty mit drei Ständen. Kenner der italienischen Küche tätigten ihre Einkäufe gleich mit großen Kochtöpfen in der Hand. Es hatte sich herumgesprochen, wie gut die italienischen Frauen (Laura Albaceli, Piera Battolini, Maria Furnari, Assunta Girardi, Pia Janssen, Brunhilde Piconese, Marlies Vartolo, Rosita Verde) in der Zubereitung schmackhafter Gerichte waren. Schnell waren unsere bis dahin unbekannten Köstlichkeiten ausverkauft.

Bei den Umzügen zu Karneval bereicherte der Circolo mit den Kostümen, die die Frauen im Pfarrheim selbst geschneidert hatten, bunt verkleidet das Straßenbild. Zu den oben genannten gesellten sich Paula Paternò, Ingrid Crook, Christel Girardi, Margarita Ramirez, Marita Sacco, Immacolata Romano. Viele andere waren bei Gelegenheit bereit, uns hilfreich zur Seite zu stehen.

Maria Furnari, Tonino Furnari, Assunta Curlante, Piera Battolini, Laura Albaceli, Nadia Battolini, Roswitha Verde, Brunhilde Piconese, Sonia Romano, Pia Jansen, Giuseppe Albaceli

hinten im Bild: Christel Girardi und Marita Sacco vorne: Elisa Sacco, Paula Paternò, Pia Janssen, Salvatore Paternò, Immacolata Romano und Margarita Ramirez

Laura Albaceli, Frau Curlante, Luigi Albaceli, Vincenzo Sacco, Fräulein Rizzo und Fräulein Orfanò

Rosen für die Damen v. l.: P. Paternò, M. R. Fiorito, V. Sacco, A. Manca, Marcella

G.Virgillito, M. Sacco, I. Crook

 Das Fest kann beginnen!

Frau J. Terhorst mit Kindern

L. Albaceli beim Weihnachtsfest

G. Spampinato bereitet Leckereien zu

Kirmes 1982, mit der Gitarre, Andreas Janssen

Das Fest kann beginnen!

Herr Ronald Pofalla mit italienischen Freunden

Ausflug nach Schloss Burg

Andreas Janssen und Hans-Heinrich Janssen begleiten bei besonderen Gelegenheiten unsere italienischen Lieder auf der Gitarre.

Unterstützt wurden wir bei allen Festlichkeiten vom Caritasverband vertreten durch Frau Josefine Terhorst.

Was wäre eine italienische Gruppe ohne eine eigene Fußballmannschaft?! Wir luden die Besitzer einiger Lokale, die bereit waren, unsere Idee finanziell zu unterstützen, ein und fanden einen Trainer. Die Mannschaft war zusammengestellt. Nur der Platz zum Trainieren fehlte uns.

Als Vorsitzender wollte ich dies in kurzer Zeit erledigen. Herr Keilitz erwartete mich im Büro des TSV und empfing mich freundlich. Ich trug unseren Wunsch vor. Er blieb ruhig und erklärte mir, dass dies nicht möglich sei. Als ich nach dem Grund fragte, erzählte er mir folgende Geschichte: Es war um das Jahr 1969/1970: nachdem eine italienische Mannschaft gegen eine deutsche Mannschaft selbstverständlich zu Unrecht verloren hatte, verwüsteten unsere heißblütigen Landsleute zunächst das Spielfeld, demolierten anschließend den Wagen des Schiedsrichters, um ihn zum Abschluss auch noch in Persona zu verprügeln.

Temperament hin, Temperament her – so etwas wurde nicht geduldet. Der Beschluss des Vorstandes war einstimmig: Die Italiener durften nicht mehr im Verein des TSV mitspielen. Es war eine befremdliche Situation für mich. Nun war Geduld angesagt. Später wandten wir uns an den Gemeindedirektor, als wir uns zufällig in Weeze auf der Straße trafen und er sich wie gewöhnlich erkundigte, ob alles gut liefe. Er hörte uns zu und war bereit, ein gutes Wort für uns einzulegen.

Als ich nach einiger Zeit gemeinsam mit Herrn Antonino Sinatra, der die Landsleute seit seiner Ankunft in Weeze gut kannte und Herrn Antonino Ramirez erneut das Büro des TSV aufsuchte, war Herr Keilitz bereit, den neuen Anfang mitzutragen. Dazu sollten alle Spieler im Raum des TSV vorstellig werden. Gesagt, getan. Die Spieler versprachen dem Vorstand, dass Fairness und Kameradschaft von nun an ihr oberstes Gebot sein sollten. Antonio Sinatra war bereit, die Verantwortung zu übernehmen. Der Platz wurde wieder für uns freigegeben.

In diesen Jahren wuchsen unser Zusammengehörigkeitsgefühl und unsere Solidarität zueinander ebenfalls während gemeinsamer Veranstaltungen der geselligen und kurzweiligen Art: Finanziell unterstützt von der Gemeinde Weeze konnten wir Ausflüge ins *Phantasialand* unternehmen, nach Schloss Burg bei Wuppertal, in den Zoo, nach Köln und in *De Efteling*.

Auf Einladung von Herrn Ronald Pofalla (Abgeordneter des deutschen Bundestages) besuchten wir Bonn, die provisorische Hauptstadt und damaliger Regierungssitz. Er selbst stand uns in einem Gespräch Rede und Antwort zu unseren Problemen.

Wir genossen die lockere Atmosphäre im freundschaftlichen Umgang miteinander und fühlten uns als Gemeinschaft stark.

Ein Teil der Idee war Wirklichkeit geworden – wir hatten einen Verein. Doch bis die Menschen zu Freunden wurden, war es ein langer Weg.

Im Jahr 1984 suchte Weeze, so wie es vielerorts üblich war, eine Partnergemeinde. Ich schlug vor, eine Gemeinde in Italien zu wählen.

Manche Weezer Pädagogen bevorzugten eine Partnerschaft mit einer Gemeinde in England, damit die Schüler der Hauptschule und auch die anderer Schulen die Möglichkeit hätten, ihre Englischkenntnisse zu vertiefen. Ich kritisierte diese Einstellung in einem offenen Brief, und fügte die Gründe hinzu, die mich bewogen hatten, Italien zu favorisieren und nach Süden zu schauen. Ich stand alleine da mit meiner Vorstellung. Alle wussten, dass die Reise nach England gehen würde.

1985 wurde Frau Laura Albaceli in den Kulturausschuss aufgenommen auf Vorschlag von Frau Roswitha Kotters, ohne dass der Vorstand informiert worden war. Herr Axel Naus schlug mich zum Vertreter der Italiener im Ausschuss für Kultur, Jugend, und Erwachsenenbildung vor. Später informierte mich Herr Naus über die Wahl und am 21.1.1985 gratulierte mir der Gemeindedirektor Herr Heinz Wienen zu meiner Mitgliedschaft.

Betr.: Ihren Artikel „Im Süden Englands sollte die Partnergemeinde liegen"

w- Ich bin ein europäischer Bürger italienischer Nationalität und möchte von vorneherein feststellen, daß meine Argumentation anläßlich der Diskussion (sofern sie eine war) im Kulturausschuß am 2.5.1984 keinesfalls nationalem Egoismus entsprang.

Sicherlich gebe ich den Weezer Pädagogen Recht, wenn sie anführen, daß eine „Englische Partnerschaft" die Sprachkenntnis unserer Schüler verbessern würde. Sehr richtig! Aber warum eigentlich nicht früher? Laabruch ist gleich nebenan, der Sprung über den Kanal nicht notwendig.

Da an diesem Abend von einem besonders guten, ungetrübten Verhältnis zu den italienischen Familien die Rede war, hätte man auf Grund dessen vermutet, daß eine Partnerschaft mit einer Gemeinde in Italien bevorzugt worden wäre. Diese Partnerschaft hätte die guten Kontakte zu den Italienern in Weeze nur noch verbessern können. Und auch für die deutschen und italienischen Kinder könnte dies in der Schule zu einem besseren Verständnis untereinander führen und sprachliche und kommunikative Fähigkeiten steigern.

Zusätzlich wäre für die Deutschen bei einer solchen Partnerschaft hinzugekommen, daß sie die Möglichkeit gehabt hätten, sich für kurze Zeit von der südlichen Sonne verwöhnen zu lassen, eine andere Landschaft, Vegetation und Kultur kennenzulernen, sie hätten den gleichen Weg eingeschlagen, wie vor ihnen schon viele deutsche Persönlichkeiten. Wenn man schon tut, als stimmten ausgewählte Vertreter der Bürgerschaft im Namen jene Bürgerschaft ab (welche Rechtsgrundlage existiert da eigentlich?), dann sollten zumindest uneigennützige Motive im Vordergrund stehen und das Abstimmungsergebnis nicht durch eine allzu durchsichtige Auswahl der Diskussionsteilnehmer vorab in eine bestimmte Richtung manipuliert werden. Auf diese Art verkommt die vielgepriesene kommunale Demokratie zu einer „Manipulatie".

Enzo Sacco
Am Manist 10
4179 Weeze

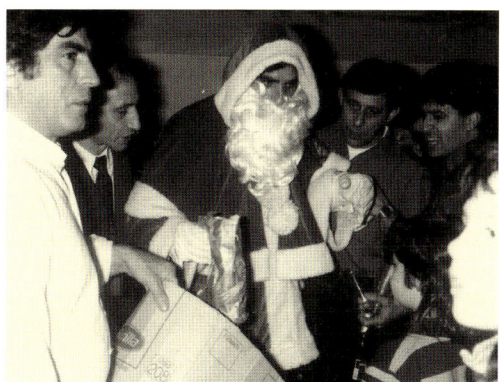

Der Weihnachtsmann schenkt den Kindern Freude

Ähnlich verlief es bei den Wahlen zum Pfarrgemeinderat.

Am 22.12.1986 bereitete die Gemeinde Weeze eine Feierstunde vor, während der sie in einer freundschaftlichen Begegnung drei Patriarchen ehrte, die vor 25 Jahren als erste Gastarbeiter nach Weeze kamen, um in den GEGE-Werken ihre Stelle anzutreten.

Bleiben wir bei den Jubiläen: Am 18.4.1990 lud Luigi Albaceli als neuer Vorsitzender des *Circolo*, Gäste zum zehnten Jahrestag des Vereins ein.

Einige Zeit später gingen uns die Einladungen zu den Neuwahlen des Vorstandes zu. Allerdings geriet die Versammlung derart in Rage, dass die Wahlen nach der Satzung nicht stattfinden konnten. Die Landsleute gerieten in

Das Fest kann beginnen!

Seit 25 Jahren in Weeze „daheim"

WEEZE. (ps) Ein nicht alltägliches Jubiläum konnte in der Gemeinde Weeze gefeiert werden. Im Mittelpunkt standen dabei die italienischen Mitbürger Giuseppe Albaceli, Antonio Blandamuro und Donato de Lorenzo mit ihren Familien, die von Bürgermeister Karl Willems zu einer kleinen Feier im Rathaus eingeladen wurden. Immerhin wohnen sie nun seit 25 Jahren in Weeze und fühlen sich hier recht wohl.

Sie hatten im Jahre 1961 in einer Weezer Möbelfabrik mit weiteren 44 Landleuten, die aber inzwischen wieder verzogen sind, als Gastarbeiter eine Beschäftigung gefunden. Teilweise kehrten sie in ihre Heimat zurück oder fanden in anderen Regionen der Bundesrepublik neue Arbeitsplätze. Dagegen betrachten die Jubilare mit ihren Angehörigen Weeze als zweite Heimat.

Anfängliche Schwierigkeiten waren rasch vergessen und gehören längst der Vergangenheit an, denn die einheimische Bevölkerung erwies sich als äußerst kontaktfreudig. Das war für sie damals eine wertvolle Hilfe.

Darüber wurde dann auch noch in gemütlicher Runde ausgiebig geplaudert. Dabei überreichte ihnen Bürgermeister Willems einen Teller mit dem Weezer Gemeindewappen, damit ihnen dieser Tag ebenfalls unvergessen bleibt.

In seinem Dankeswort freute sich Enzo Sacco über das beispielhafte Verständnis, welches die einheimischen Weezer stets den italienischen Nachbarn entgegenbrachten.

Die italienischen Familien revanchierten sich mit einem Glasbild mit dem Wappen aus ihrer Heimat und übergaben es Bürgermeister Willems als Dank für die schöne Feierstunde.

Mit einem Glasbild ihrer Heimat revanchierten sich die italienischen Familien als dank für die schöne Feierstunde bei Bürgermeister Willems.
NN-Foto: Kramer

Streitereien und trennten sich am Ende auf eine unbefriedigende Art. In den Weezer Nachrichten wurde damals ausführlich darüber berichtet. Der Bereitschaft des Gemeindedirektors Heinz Wienen ist es zu verdanken, dass die Situation weitestgehend geklärt werden konnte.

Die zuvor angegangenen Arbeiten wurden gemeinschaftlich fortgesetzt. Im Jahr 1986 wurde in Weeze der neue Pastor eingeführt – Herr Manfred Babel.

An der Gemeindegrenze im Wald von Kalbeck sollte er von Gemeindemitgliedern abgeholt werden. Auch wir als Vertreter der italienischen Bevölkerungsgruppe machten uns dem strömenden Regen trotzend auf den Weg dorthin.

Übergabe der Erlöse aus dem Pfarrfest

Seit diesem Tag gab es eine freundschaftliche Beziehung zwischen ihm und uns. Bei jedem Fest, das wir veranstalteten, war Herr Pastor Babel anwesend. Für eine bestimmte Zeit saß er zwischen uns, unterhielt sich mit den Kindern und den Erwachsenen, trank mit uns ein Gläschen oder auch zwei, um fest auf beiden Beinen zu stehen. Ob er auch getanzt hat? Es könnte möglich gewesen sein bei einer bestimmten Art von italienischer Musik.

Oft musste er mir die Nachricht überbringen, dass der italienische Seelsorger verhindert war, um wie vereinbart vor dem Zusammentreffen die Messe zu zelebrieren. Dann bat ich ihn, gemeinsam mit mir in der Kirche eine Familienandacht begleitet vom Gesang der Kinder zu gestalten und so schufen wir eine weihnachtliche Atmosphäre und er selbst erlernte auf diesem Weg die italienische Sprache.

Hedy Thünnesen,
Pastor Manfred Babel,
Ingeborg Behet,
Marita Sacco,
Marita Wackers,
Elisabeth van Stephoudt,
Vincenzo Sacco

Herr Pastor
Manfred Babel erhält zu
seinem 25-jährigen Jubi-
läum ein Geschenk von
Vincenzo Sacco

Was danach geschah, nachdem der italienische Geistliche davon erfahren hatte erzählte Pastor Babel mir allein.

Auch der damalige Kaplan Klaus Honermann, der die italienische Sprache gut beherrschte, war bereit, seinen Bruder in Christus zu vertreten.

In den folgenden Jahren wurde Herr Pastor Babel mehrmals gebeten, die Jubiläen der Landsleute zu feiern. Dabei las er die Evangelien in der Landessprache vor und ebenfalls die dazugehörigen Gebete.

1992 zelebrierte er während der Kirmesfeierlichkeiten in Gemeinschaft mit dem italienischen Missionar Don Ferruccio Frara die Messe. Später kam er ins Zelt, um gemeinsam mit uns zu feiern.

Als Mitte Juni 1997 der italienische Priester in den Ruhestand ging, organisierten wir eine kleine Abschiedsfeier.

Während seiner Zeit in Weeze hat Herr Pastor Babel mit uns viele Augenblicke der Freude und der Freundschaft erlebt und wir auch mit ihm.

Es kam vor, dass wir uns *Am Manist* trafen und im gemütlichen Beisammensein innerhalb der Familie interessante und unterhaltsame Stunden verbrachten.

Das Fest kann beginnen!

Gelungenes Fest rund um den Weezer Kirchturm

Spezialitäten aus Italien und der großen Pfanne

Von GÜNTER WEBER

WEEZE. Alles stimmte beim Fest der Pfarrgemeinde St. Cyriakus Weeze: das Wetter, der Einsatz der gesamten Pfarrgemeinde, um dieses Gemeindefest zu einem vollen Erfolg werden zu lassen. Begonnen hatte es mit der Veranstaltung der Alten- und Rentnergemeinschaft (ARG). Männergesangverein, Kinderchor und andere Vorträge ließen schon diesen Teil aus dem normalen Rahmen fallen. Kaplan Derrix als „Vincens" war einfach sehenswert.

Nach dem Hochamt ging es rund um St. Cyriakus dann richtig zur Sache. Nachdem Pastor Manfred Babel das erste Faß Bier angeschlagen hatte, begann ein volksfestähnliches Treiben rund um den Weezer Kirchturm. Die Landfrauen aus Wemb konnten nicht genug „Kartoffelpuffer" backen, so schnell wurden die leckeren Dinger verzehrt. Die in Handarbeit hergestellten Schleifen fanden ebenfalls reißenden Absatz.

Vormittags schminkten die Kindergärtnerinnen des Cyriakus-Kindergarten die Kleinen. Nachmittags übernahmen diese Tätigkeit die Kindergärtnerinnen des Franciskus-Kindergarten. So war es nicht erstaunlich, daß bald viele Tiger, Schmetterlinge und Clowns zu sehen waren. Die ausgemusterten Bücher der Bücherei fanden schnell neue Besitzer. Wer einmal versuchen wollte, die große Orgel der Cyriakus-Kirche zu spielen, konnte dies unter fachmännischer Anleitung und gegen Zahlung einer kleinen Spende tun. Viele Besucher machten sich auch auf den langen Treppenweg, um zur Spitze des Kirchturms zu gelangen. Weeze von oben war auch ein sehenswerter Anblick.

Um die Mittagszeit hatten die Italiener, die in Weeze wohnen, im Pfarrhaus alle Hände voll zu tun. In Landestracht ihrer Heimatregion servierten sie leckere italienische Spezialitäten, die die Frauen unter der Leitung von Signora Romana und Crook in der Pfarrküche hergestellt hatten. Spaghetti, Lasagne und Tiramisu wurden mit Wein aus Italien serviert. Die Frauengemeinschaft konnte nicht schnell genug die Kaffeetafel im großen Gemeindesaal neu eindecken, so schnell waren die gespendeten Kuchen verzehrt. Bei der Kolpingfamilie gab es Bratkartoffeln aus der großen Pfanne „Wie bei Muttern". Die Auftritte der Mini-Tanzgarde lösten regelrechte Beifallsstürme aus.

Liesel Westermann erzählte, was so eine „Kerkmuss" alles erlebte. Da blieb bei dieser Karnevalistin natürlich kein Auge trocken. Eine Mini-Playback-Show, die Auftritte von Tamborcorps und Weezer Musikverein rundeten musikalisch eine sehr gelungene Veranstaltung ab.

Eröffnungsgottesdienst zur Weezer Kirmes in der Pfarrkirche Sankt Cyriakus 1992.   Foto: M. Hendricks

*Von allen Gütern, die die Weisheit uns bietet,
ist das wertvollste die Freundschaft*

Epikur

XXVII. Die Weezer sind begeistert

Eine große Herausforderung stellte es für uns dar, als Herr Johannes Snelting den *Circolo* einlud, festgebender Verein zur Kirmes 1992 zu werden.

Alle fühlten sich angesprochen, ihr Bestes zu geben, um die Kirmesfeier zu einem gelungenen Fest zu gestalten.

Viele Weezer fragten sich, ob wir es schaffen könnten, eine heimische Feier für die ganze Gemeinde zu organisieren.

Die Zeitungsberichte bekunden, dass es ein Vergnügen für alle Weezer war, dabei gewesen zu sein.

Rede des Weezer Festkettenträgers Enzo Sacco zur Kirmes 1992

Liebe Freunde, cari amici, sehr geehrter Herr Bürgermeister,

Ich freue mich darüber, daß mit dem heutigen Tag uns Italienern die Ehre zuteil wird, festgebender Verein der Kirmes zu sein, indem Sie mir die Festkette übertrugen. Es mag für Außenstehende ungewöhnlich erscheinen, wenn Ausländer deutsches Brauchtum pflegen. In einer Gemeinde wie Weeze, in der es uns durch das freundliche Entgegenkommen der Bevölkerung unterstützt von Gemeindeverwaltung und Kirche nicht schwer fiel, heimisch zu werden, konnte sich dies verwirklichen. Dafür spreche ich allen auch im Namen meiner Landsleute einen von Herzen kommenden Dank aus. Stets haben wir viele Feiern miteinander begangen, waren wir einander verbunden. Denn in diesem gemeinsamen Tun fühlen Menschen sich - ganz gleich wo sie leben - in Solidarität und Eintracht. Das Gefühl, Teil dieser Gemeinschaft von Feiernden zu sein, berührt mich tief.

Eine Gemeinschaft zu bilden, ist einer der ältesten Triebe der Menschen aller Zeiten und Kontinente. Der Mensch ist darauf angelegt, den anderen zu suchen, um mit ihm zusammen zu sein, zu sprechen und zu handeln.

Dieses Bedürfnis nach Gemeinschaft, das uns allen innewohnt, zwingt uns, auf die anderen zuzugehen, sie in ihrer Individualität nicht nur zu tolerieren, sondern ihnen im Miteinander die Möglichkeit der eigenen Verwirklichung zu geben. Wenn dies gelingt, kann eine Gemeinschaft entstehen, in der der Einzelne sich gut aufgehoben fühlt ohne zu übersehen, daß diese Gemeinschaft nur weiterexistieren kann, wenn auch er mit seinen Fähigkeiten zum Gelingen von Gemeinschaft beiträgt.

Oft scheint es in der heutigen Zeit so zu sein, daß die Menschen nur darauf bedacht sind, ihr eigenes Leben so angenehm wie möglich zu gestalten und dies in den Vordergrund ihres Handelns stellen. Bei diesen Bemühungen um das eigene Ich rückt der Nächste in den Hintergrund. Wir müssen uns auf die sozialen Werte zurückbesinnen, unsere Gefühle nach Brüderlichkeit müssen neu geweckt werden. "Gemeinsam, um besser zu leben" haben wir uns zum Motto gewählt, auch in der Hoffnung, daß jetzt während diese vier Feiertage, die Idealform von Zusammenleben erreicht wird zur Freude aller.

Denn was ist das Wesen Freude?

- Freude ist ein Gefühl, das uns durchströmt, in Augenblicken großer Harmonie.
- Freude ist eine Substanz in uns abgelagert, um sich zu entwickeln zu neuer Energie, die uns aktiv werden läßt.
- Freude läßt in ihrem Überschwang (um mit Schiller zu sprechen) alle Menschen Brüder werden, schaltet oft die uns hemmende Vernunft aus, läßt Gewesenes vergessen,

denn ich will an meiner Freude auch den anderen teilhaben lassen.

Wir sollen jeden Augenblick unseres Lebens empfangen als eine Zeit zur Freude und lernen, in diesem Jetzt zu leben. Die Gegenwart ist für uns alle ein Geschenk.

Die Freude kommt aus dem Augenblick, und wir sollen lernen, dieses Jetzt als Geschenk hinzunehmen.

Die Freude sagt Nietsche, will die Ewigkeit, denn in dem Moment, in dem wir uns verlieren, befinden wir uns nicht im Nichts, sondern in der Umarmung des Lebens. In solchen Augenblicken wächst in uns eine Erregung wie ein Sturm von Gesang und Feuer.

Lassen wir diese Erregung Besitz von uns nehmen in den kommenden Tagen! Das Fest kann beginnen!

In gemeinschaftlicher Arbeit mit dem Heimat- und Verkehrsverein haben meine Landsleute und ich es vorbereitet, unterstützt von freundlichen Helfern. Alle sind eingeladen mitzufeiern, ganz gleich welcher Nationalität und Religionsgemeinschaft sie zugehören, ganz gleich, ob sie den Weezer Dialekt, den aus Apulien oder Sizilien beherrschen oder keinen davon, ganz gleich, ob sie den heimischen Gerstensaft, ausländischen Rebensaft oder den Saft der Quellen zum Trinken bevorzugen.

Es liegt nun an uns allen, daß das Fest gelingt. 1951 wählte der erste Festkettenträger in Weeze - Heinrich Geenen - für seine Plakette den Spruch: „Möge der Frohsinn zur Kirmes das Band dser Einigkeit aller Weezer Stände mit jedem Jahr wieder nbeu erblühen lassen".

Der Spruch gilt noch heute unbd soll weiterhin gelten. Ich freue mich, daß ich ihn allen noch einmal in Erinnerunbg rufen kann.

In diesem Sinn: Völ Glöcks und Frohsinn in de Kermes!

Weezer Kirmes 1992 setzte Glanzlichter

w- Da sagte uns ein Kirmesmuffel: "Das ist ja doch immer dasselbe - warum hingehen?" Diese Kirmes aber, lieber Zeitgenosse, hat bewiesen, daß man in Weeze variationsfähig ist, und daß immer neue Ideen verwirklicht werden - man muß sie nur sehen.

Bereits am Samstag wurde in St. Cyriakus ein Vorabendgottesdienst gefeiert, der alle Gläubigentief bewegte. Dazu trugen zum einen die Geistlichen bei, Pastor M. Babel, Don Frara von der italienischen Betreuung und unser neuer Kaplan R. Scholz. Zum anderen war da der Rom-Chor, der brillierte und alle in seinen Bann schlug. Für einen solchen Gottesdienst kann man nur dankbar sein!

Internationale Kirmes hatten wir schon immer, diesmal aber waren die italienischen Mitbürger, (der Circolo Italiano Amicizia Weeze), festgebender Verein, und Herr Vincenco Sacco trug die Festkette. Darin ist ein Beweis zu sehen, daß man auch in dieser Zeit bei uns in der Lage ist, fremde Menschen zu integrieren, ohne ihnen ihre Eigenart zu nehmen. Vincenco Sacco und seine Adjutantin, Frau Pia Janssen, unterstützt von Frau Marita Sacco und vielen, vielen Mithelfern, waren fleißig gewesen. Verwiesen sei auf die lesenswerte Festschrift "Begegnungen" und das Motto der Kirmes: "Gemeinsam, um besser zu leben". Der in tionale Frühschoppen ve inte viele Nationalitäten und wir können an anderer Stelle berichten, daß es dabei zu ganz

erstaunlichen Begegnungen gekommen ist.

Selten hat Weeze so viele Menschen auf den Beinen und im Festzug gesehen wie am Montag. Die Schlange war endlos lang und unsere Wattoner Freunde waren sehr beeindruckt. Sie ließen es sich nicht nehmen, alle (auch, wenn sie vorher ein wenig bang gewesen waren, das durchstehen zu können) teilzunehmen. Nun, daß die Menschen am Wegesrand etwas fröhlicher sein könnten, das ist bekannt und bei jeder Kirmes so, daß aber der Festkettenträger mit Gefolge zu Fuß geht und persönlich vor Freude Hände schüttelt und Freunde begrüßt, ist neu und bemerkenswert, genau so, wie die feine Geste, daß Frau Marita Sacco am Montag die Ansprache halten durfte, "da ich Samstag dran war" (Originalton Sacco). Die Geschichte der Weezer Mitbürger, so darf man wohl sagen, ist ja auch erstaunlich und nachdenkenswert.

Es gab noch eine Überraschung. Im Zelt überreichten Gerald Rudkin und Martin Anscombe, beide Ratsmitglieder in Watton, unserem Bürgermeister Willems eine Fahne, die es vorher noch nicht gab. Es ist dies die Antwort auf die Weezer Fahnenübergabe vor 2 Jahren in Watton. Der Rat der Gemeinde Watton hat beraten und beschlossen, diese Fahne entwerfen und anfertigen zu lassen, obwohl es nicht englisch sein dürfte, daß auf der Insel mit Fahnen gearbeitet wird, es sei denn mit

dem Union Jack.

Diese Fahne zeigte das Grün der Wälder, das Braun der Äcker und im mittleren weißen Feld das Zeichen der Gemeinde, das wir auch auf den Straßenschildern der Partnerschaft finden, die Zwillinge unter dem Baum.

Mancher der ausländischen Gäste weiß jetzt, was es heißt, Weezer Kirmes stimmungsvoll zu feiern, auch die klanglich straff geführte und forsch aufspielende englische Kapelle aus Exeter, die sich ausgezeichnet einfügte. Wir freuen uns besonders, daß auch die Engländer von Laarbruch wieder ihr Freedom Recht ausgeübt haben.

Das bunte Bild der Vereine im Park mit ihren schmucken Uniformen, die alten Bräuche und die nachbarliche Hilfe, die auch die Wember wieder leisteten - die Ideen der Landjugend (wieder neu!) und die überlegene Ansage des Vorsitzenden des HHV, Johannes Snelting, waren beeindruckend und wurde in vielen, vielen Bildern festgehalten, die auswärts davon berichten werden.

So kann man mit Recht festellen, daß die Kirmes 1992 mansches in Bewegung gesetzt und uns ein Stückchen weitergebracht hat ,dem besseren Verständnis der Menschen untereinander entgegen..

Und daß der liebe Gott daür ein Einsehen hatte und die Schleusen dichthielt, sei ebenfalls noch dankbar und abschließend erwähnt.

Kirmes 1992   Foto: Thomas Bäcker

Foto: Fotostudio Pöppel

Das war eine gemeinsame Kirmesfeier des Heimat- und Verkehrsvereins, die wir getrost als "Spitze" in den Annalen festhalten müssen

w- Das Motto "Gemeinsam um besser zu Leben" könnte nicht besser zum Ausdruck gebracht werden. Das zeigte, um es schon voraus zu sagen, der Internationale Frühschoppppen am Sonntag. Er war in der Tat international. Spielte nicht nur das Orchester aus unserer Nachbargemeinde jenseits der Grenze aus Bergen, sondern auch die Town-Band aus Chester und das Orchester der Kreismusikschule. Dabei waren unsere italienischen Freunde mit dem "Circolo Italiano Amicizia" als festgebender Verein.

Der Auftakt zur Gemeinsamen Kirmesfeier war der festliche Gottesdienst in der Pfarrkirche, den unser Pastor mit seinem italienischen Confrater Don Ferrucio Frara zelebrierte und unserem neuen Kaplan Robert Bosch. Zur Überraschung aller war der Rom-Chor aus Mönchengladbach verpflichtet, der vor Beginn das Lied die "Himmel rühmen" vortrug. Tief bewegt folgte man den Gesängen des Chores, der damit der Meßfeier einen besonders feierlichen Akzent gab. Als zm Abschluß das "Halleluja" van Händel erschallte, verließ keiner vorzeitig die Kirche.

Dann erfolgte die Festkettenübergabe im Park an der Bahnstraße. Hierzu begrüßte der Vorsitzende des Heimat- und Verkehrsvereins, Johannes Snelting, den Bürgermeister nebst Gattin, den Gemeindedirektor nebst Gattin, den Festkettenträger, Enzo Sacco nebst Gattin, den Adjutanten, Frau Pia Janssen nebst Gatten, den "Circolo Itaiano Amicizia" und alle Gäste aus Nah und Fern und wünschte "Vööl Glöcks in de Kermes". Nach den Begrüßungsworten durch den Bürgermeister überreichte dieser die Festketten und wünschte schöne Stunden und Tage unter dem Motto "Gemeinsam um besser zu leben"!

Nach dem Fahnenschwenken und Schlußmarsch begann der Festball im Zelt. Ein weiterer Höhepunkt war dann der "Internationale Frühschoppen am Sonntag. Musikdarbietungen des Orchesters der Kreismusikschule, der Kapelle aus Bergen, des Orchesters aus Chester ließen keine Langeweile aufkommen. Dazu gab es Darbietungen des St. Cyriakuskindergartens und des Weezer Werberinges e. V.

Der Kirmesmontag begann um 6.00 Uhr mit dem Wecken durch das Tambourcorps. Es galt doch: Fertigmachen für den großen Festakt in der Parkanlage "Alter Friedhof". Pünktlich erfolgte die Parade der Einheiten der Royal Air Force Laarbruch mit der Ausübung des Freedom-Rechts mit einem kleinen Umzug. Immer kann man dieses Ereignis sehen und bewundern.

Den Festakt eröffnete das Tambourcorps mit einem Musikvortrag. Dann erfolgte die Begrüßung. Nach weiteren Grußworten durch den Bürgermeister hielt der Festkettenträger die Festrede

Nach dem Fahnenschwenken und dem Musikfinale formierten sich die gesellien Vereine zur Parade und Festumzug durch die Gemeinde. Ein farbenprächtiges Bild zeigte sich vielen Zuschauern, die viel Beifall klatschten.

Frau Wienen erhält anlässlich der Verabschiedung ihres Mannes ein Geschenk von V. Sacco

Anläßlich des 20-jährigen Bestehens des Circolo Italiano Amicizia in Weeze überreichte dessen Vorsitzender, Vincenzo Sacco, der Gemeinde Weeze eine Erinnerungstafel. Bürgermeisterin nahm sie stellvertretend entgegen und versprach, dem äußeren Zeichen der Freundschaft im Rathaus einen Ehrenplatz zu geben. NN-Foto: Steve Hill

Romchor

XXVIII. Kultur ist das eigentliche Leben

Romano Negriolli, Marita Sacco, Karl und Maria Willems, Giorgio und Bersabea Rocca, Vincenzo Sacco

Die Geschichte der Italiener in Weeze wäre unvollständig, würde nicht einer erwähnt, der zwar nicht als Gastarbeiter anreiste, der aber häufig und gerne kam, um den Ort zu besuchen, der den kunstliebenden Menschen seine Werke vor Augen führte und seine Aufenthalte nutzte, um die Landschaft und die Objekte ländlichen Lebens darzustellen: Giorgio Rocca, den wir in Bologna kennengelernt hatten. Zufällig waren wir ihm bei einem Familienfest begegnet. Er überredete uns, einige Tage länger in Bologna zu bleiben. Wenig Reizvolles hatten wir bis dahin von der Stadt gesehen. Dann führte er uns am nächsten Tag durch die Altstadt mit den unendlich langen Arkadengängen vor den eleganten Geschäften, zur Basilika San Petronio und zum ältesten Kirchenkomplex Santo Stefano. Er öffnete uns Türen, die der Öffentlichkeit verschlossen blieben und begeisterte uns für die Schätze längst vergangener Zeiten. Geschichten erzählend verbrachten wir den Tag. Seine Bilder hatte er uns noch vorenthalten. Die zeigte er uns am nächsten Tag bei der Besichtigung seines Ateliers in der Altstadt. Viele Malereien verdeutlichten den Einfluss, den sein Lehrer Giorgio Morandi auf ihn hinterlassen hatte. Leicht versteckt bewahrte er ein Gemälde auf, das beide gemalt hatten. Wenige Stunden später saßen wir gemeinsam zu Tisch, auf dem die bekannten Tortellini in Bologneser Soße dampften, die seine Frau Bersabea neben anderen Köstlichkeiten zubereitet hatte. Als wir uns am Abend trennten, stand fest, dass

Franz van Stephoudt und Vincenzo Sacco

Frau Dr. Barbara Hendricks und
V. Sacco in Kevelaer bei der Ausstellung
„Wasser am Niederrhein"

er nach Weeze kommen würde. Wir hatten einen guten Freund gewonnen. Es freute uns, dass wir ihn und seine Frau den Weezern vorstellen können würden.

Denn immer – schon als wir Kinder waren – war es so, dass wir stets dann, wenn wir etwas Schönes gesehen oder erlebt hatten, es den anderen mitteilen mussten, dass es uns drängte, die anderen an der Freude, an dem Schönen, das wir gesehen hatten, teilnehmen zu lassen.

Eine Auswahl seiner Werke sollte er mitbringen. Es war unser Wunsch, dass alle Weezer teilhaben sollten an diesem Besuch, seine Bilder sehen und auch ihn und seine Frau Bersabea kennenlernen würden. In zahlreichen großen Städten in Europa hatte er Ausstellungen gestaltet, war mit Preisen ausgezeichnet worden. Deutschland hatte er bis dahin noch nicht besucht. Der Kulturausschuss der Gemeinde stimmte meinem Antrag zu.

Aufgeregt warteten wir an einem Sonntagnachmittag auf unseren Besuch aus Italien. Ein guter Freund, Franz van Stephoudt, erblickte ihn auf der Autobahn. Er hielt das Paar gleich an und führte sie freundlicherweise zu uns. Wir stellten freudig fest, dass er mehr als 50 Exponate dabei hatte, eine hinreichende Basis für die Gestaltung der Vernissage. Während wir noch den Wagen ausluden und die Titel für die Ausstellung zusammenstellten, kaufte Franz voller Begeisterung eine Serie von Still-

leben. In den nächsten Tagen diskutierten wir über die Gestaltung der Ausstellung, nahmen voller Begeisterung die Werke auf und führten ihn und seine Frau durch den Ort. Diese Zeit der Vorbereitung, des Kennenlernens und der Auseinandersetzung mit den Werken und den beteiligten Menschen war eine wundervolle Zeit.

Egon Hünnekens, Felix Freiherr von Vittinghoff-Schell, Frau Margaret Gräfin von Mirbach-Schell geb. O'Brien, Vincenzo Sacco und der Künstler Giorgio Rocca

Im Mai 1987 wurde seine erste Ausstellung im Weezer Rathaus eröffnet. Sie war mit „Ländliches Leben" betitelt und zeigte vor allem Bilder aus Friaul, die nach der Erdbebenkatastrophe entstanden

Gemeindedirektor Heinz Wienen, Bürgermeisterin Barbara Naus, Ministerpräsident Johannes Rau, Künstler Giuseppe Barna und Vincenzo Sacco, Künstlerin Sabine Petrikowski

Elisabeth van Stephoudt, Marita Sacco, Franz van Stephoudt bei der Ausstellung des Malers
Giuseppe Barna im Rathaussaal von Weeze

waren. Leider stand uns in diesem Jahr nur das Treppenhaus zur Dekoration
bereit. Die Bilder hinterließen einen nachhaltigen Eindruck auf die Besucher,
die staunend die Motive und Farben aufnahmen.

In den Folgejahren besuchte er uns und den Niederrhein, versuchte dessen
Farbgebung, die ihm neu war und im Gegensatz zum sonnendurchfluteten
Italien stand, in seine Palette aufzunehmen.

Zahlreiche Motive boten sich ihm dar, manche fand er oft zufällig während
seiner Erkundungen.

Augenfällig war zunächst auch für ihn wie für so Viele: das Wasserschloss
in Wissen, dessen Architektur und Lage inmitten alter Baumbestände ihn
ebenso zum Malen reizte wie das das Schloss umgebende Wasser, in dem sich
die Wirklichkeit spiegelt und diese dadurch aufzulösen scheint. Schönheit und
Vergänglichkeit zugleich fand er vor bei der alten Wassermühle, mit der Zeit
dem Zerfall preisgegeben und gerade deshalb für ihn im Bild erhaltenswert.
Die Kirche mit ihrem charakteristischen Turm – weithin sichtbares Zeichen
von Weeze – eingebettet in das für unsere Landschaft typische Grün, hat den
Farbcharakter seiner Malereien hier stark beeinflusst.

Die Gemeinde umgebend und kennzeichnend für unsere Landschaft
sind die verstreut liegenden Bauernhöfe inmitten der Felder, Wiesen und
Weiden – Zeichen einer noch erhaltenen bäuerlichen Kultur. „Pastorale"

Udo Peters, Vorsitzender des Partnerschaftsvereins Weeze, Jan Godfrey, Leiterin des Wayland House, Margaret Devine, Vorsitzende des Partnerschaftsvereins Watton, Bürgermeister Ulrich Francken, Alf Harvey, Bürgermeister der Stadt Watton und Enzo Sacco, Künstler der Gruppe Forma (v.l.n.r.), freuen sich über die erfolgreiche Zusammenarbeit der zwei Kommunen anlässlich der Kunstausstellung der Weezer in Watton in England.   NN-Foto: privat

Eine Delegation flog zu Kurzbesuch in die Partnerstadt Watton

Weezer Kunstwerke sechs Monate zu sehen

▶ WEEZE. Begleitet von Udo Peters vom Partnerschaftsverein Weeze, Enzo Sacco als Vertreter der Künstlergruppe Forma und Khalid Rashid vom Büro für Kultur- und Fremdenverkehr ist der Bürgermeister der Gemeinde Weeze, Ulrich Francken, am Wochenende ab Airport Weeze nach England in Richtung der Partnerstadt geflogen. Ziel des kurzen Besuches zu der Partnerstadt in Watton war die offizielle Eröffnung einer Kunstausstellung der Weezer Künstler.

Im Beisein des Bürgermeisters der Stadt Watton, Alf Harvey, und Jan Godfrey, Leiterin des „Wayland House", in dem die Ausstellung gezeigt wird, durfte Bürgermeister Francken zahlreiche Gäste aus der Politik, aus der örtlichen Kunstszene und vom Partnerschaftsverein Watton-Weeze im frisch renovierten Wayland House in Watton begrüßen.

Er bedankte sich bei allen für die Einladung, den herzlichen Empfang und für die besondere Ehre, dass die Weezer Künstler die allererste Ausstellung in diesem Haus präsentieren durften. Tags zuvor hatten die Besucher aus Weeze während eines Empfangs im Wayland Hall (Rathaus der Stadt Watton) die Gelegenheit, den Bürgermeister und die Ratsmitglieder der Stadt Watton kennen zu lernen.

Bei den Gesprächen wurde die Bedeutung der Partnerschaft mehrmals unterstrichen, denn man will die guten Beziehungen weiterhin ausbauen und durch die Einbeziehung von Jugendgruppen und Vereinen dafür sorgen, dass die Partnerschaft vertieft wird. Auch die gegenwärtige Situation des Airport Weeze wurde während des Treffens vom Bürgermeister Francken angesprochen. Daraufhin haben sich 48 Wattoner spontan in die Unterschriftenliste für den Erhalt des Airports eingetragen. Die Beteiligten der Stadt haben sich auch bereit erklärt, diese Listen in Watton auszulegen, sodass weitere Personen ihre Unterschriften „Pro-Airport" eintragen können. Die 11 Kunstwerke, die von Weezer Künstlern der Gruppe Forma angefertigt wurden, werden nun sechs Monate lang in Watton ausgestellt. Die Werke von Enzo Sacco, Rita Stenmans, Karin Küsters, Alwine Rosomm, Paula Feldmann und Wilhelm Rüttermann werden in nächster Zeit sehr oft von Wattonern und Engländern bewundert, denn das Wayland House, das als Besucher- und Ausstellungszentrum fungiert, ist seit seiner offiziellen Eröffnung im Dezember für alle in der Partnerstadt zugänglich.

Wunsch und Hoffnung der Weezer und Wattoner ist es, dass künftig mehrere solcher Ausstellungen abwechselnd in der jeweiligen Partnerstadt statt finden werden. Eine Intensivierung der Kontakte zwischen Künstlern, Bürgern und Vereinen der zwei Kommunen ist das Wunsch- und Hauptziel aller Beteiligten.

Die „fleißigen Hände" (von links): Karl Rütten, Vincenzo Sacco, Johannes Masseling, Johann Bockhorn, Werner Dennesen, Hans-Georg Ostwald, Heinrich Coenen, Jürgen Neul, Raphael Kumm, August van Lier, Peter Hendricks, Stefan Krauhausen, Johannes Hoffmanns, Kurt van Hall, Barbara Naus und Alois Hendricks

Kultur ist: Gemeinsam gestalten.

bezeichnet er die Bilder, mit denen er uns nicht nur unser Land vor Augen führen möchte, sondern in uns den Sinn wecken will für Ruhe, Heiterkeit, Poesie: für die Harmonie in der Natur.

1989 führte er in seiner zweiten Ausstellung den Weezern ihre Heimat vor Augen. Seine Ölgemälde und Aquarelle lockten Neugierige und Kunstinteressierte auch aus den größeren Städten an, sodass er immer nur einen Teil seiner Arbeiten mit nach Italien zurücknehmen musste. Zwischenzeitlich kam er den Menschen näher, die ihm bereitwillig Türen öffneten und denen er seine neu erworbenen Deutschkenntnisse unter Beweis stellen konnte. Wie Felix Freiherr von Vittinghoff-Schell und seiner Schwägerin auf Schloss Kalbeck.

„Traum und Wirklichkeit" hieß die dritte Ausstellung, in der Giorgio Rocca gemeinsam mit Silvana Zambanini und Pierluigi Negriolli aus Trento Bilder zeigte, die das alltägliche Leben in seiner einfachsten Form widerspiegeln aber auch Zeichnungen mit traumhaftem Inhalt bzw. Ölbilder wie ein aus der Erinnerung rekonstruierter Eindruck von Wirklichkeit. Drei Künstler wie sie in ihrer Sichtweise, Darstellungsart und Technik nicht unterschiedlicher sein können, vereinten sich und ihre Werke zu einer von Kennern anerkannten und gelobten Ausstellung.

Im August 1996 reiste aus Sizilien Giuseppe Barna an. Seine Bilder waren ihm vorausgeeilt und im Ratssaal zu einer sehenswerten Vernissage zusammengestellt worden. Die Weezer Bevölkerung war beeindruckt von der Frische und Leichtigkeit seiner Motive und der Darstellungsweise. Auch der damalige Ministerpräsident Johannes Rau zollte ihm bei einem Besuch Anerkennung und Respekt. Während seiner Zeit in Weeze wollte Giuseppe Barna nicht untätig sein, ließ sich Farben und Papier besorgen und malte – auch in der Nacht.

Alle Ausstellungen wurden dankenswerterweise von der Gemeinde Weeze unterstützt. Der Bevölkerung erschloss sich eine neue Dimension von Italien und somit auch ihrer italienischen Mitbürger.

Hinzuzufügen sei, dass diese Ausstellungen und die Begegnungen mit den Malern den Verfasser der Schrift anregten, selbst den Pinsel und Farben in die Hand zu nehmen und seine Fähigkeiten in der Malerei zu entdecken.

XXIX. Nieder mit den Waffen!

B. von Suttner

Alljährlich im November erreichte den Verein die Einladung zur Teilnahme an der Feierstunde zum Volkstrauertag auf dem Ehrenfriedhof der Gemeinde. Mit einer Abordnung, der Vereinsfahne und einem Blumengebinde beteiligten wir uns und gedachten der Verstorbenen der Kriege.

Im Jahre 2009 wurde ich vom Bürgermeister Herrn Ulrich Francken eingeladen, als Bürger der Gemeinde die Festrede zu halten.

Gedenkrede
von Vincenzo Sacco Bürger der Gemeinde Weeze
zum Volkstrauertag am 15.11.2009 auf der Kriegsgräberstätte in Weeze

Im Lazarett, den 21.02.1942
Liebe Eltern, liebe Schwester!

Erschreckt nicht, dass ich durch Kameradenhand einen Gruß zusende. Bin am 14.02. verwundet worden. Es handelt sich nur um einen ungefährlichen Lungendurchschuss. Es geht mir bereits wieder etwas besser, doch bin ich noch zu schwach, um Euch selber zu schreiben.

Ich habe im Augenblick nur einen Wunsch, möglichst bald in die Heimat transportiert zu werden, um dort von meiner Verwundung zu genesen.

Ich glaube auch, dass dieser Wunsch bald in Erfüllung geht.

So grüße ich Euch auf ein baldiges frohes Wiedersehen
Euer Hans

Hans Döllingen

Hans Döllingen ist am 25.02.1942 im Lazarett in Russland seinen Verwundungen erlegen. Getreu seinem Fahneneid starb er den Heldentod. Er war 20 Jahre alt. Die zarte Knospe eines Menschenlebens, bereit sich zu entfalten und mit ihrem Duft die Welt zu bereichern, wurde zerrissen!

Wozu?
In Russland ebenso wie an diesem Ort, an dem wir uns befinden, ereigneten sich Tragödien, bei denen Menschen ihr Leben opferten.

Bernd Kühnen

Noch während die einen in unerbittlichen Kämpfen verstarben, wurden die nächsten für den Krieg gedrillt. So wie Bernd Kühnen aus Kevelaer, der im Anschluss an seine Vereidigung zu seiner Erleichterung nicht nach Russland sondern nach Italien abkommandiert wurde, wo er bei Vera, Peppina und Giulia auch Italienisch lernte. Das Unheimliche des Fremden, das unbestimmte Gefühl dem Feind gegenüber verfliegt und eine Freundschaft entsteht, die bis heute noch andauert. Mit einer schweren Bauchverletzung zwischen einem Kampf um Leben und Tod kam Bernd Kühnen 1944 wieder zurück in die Heimat.

Zur gleichen Zeit erfährt der junge Soldat Heinz Daamen aus Straelen, der in der Nähe von Hamburg bei der Luftwaffe ausgebildet wird, dass die Russen in Richtung Berlin marschieren. Voller Übermut schwingt er sich in den nächsten Kampfflieger: „Ich möchte das Vaterland gegen die Russen verteidigen!" gibt er einem verdutzten Offizier zu verstehen. Den Offizier, der schon einiges erlebt hat, kann so leicht nichts mehr beeindrucken: „Steig aus, wir haben keinen Sprit mehr.", stoppt er den Elan des jungen Mannes.

Drei Schicksale von Soldaten, von jungen Menschen, von geistigen Wesen, die es als ihre Pflicht ansahen, die Waffe zu ergreifen, sie zu benutzen. Sie wurden geopfert, um die Macht einiger weniger zu etablieren.

Diese Begebenheiten erinnern an einen Holzschnitt von Käthe Kollwitz, der einige Freiwillige darstellt, die blind, fast in Ekstase dem Sichel schwingenden Tod folgen, der eigenen Vernichtung entgegen.

Ich bin im Jahre 1948 geboren und hatte das Glück, den Krieg nicht am eigenen Leib erfahren zu müssen. Es war eine Zeit der allherrschenden Armut, des sich gegenseitig zur Seite Stehens und Helfens – oft eines Lebens in der beseelten Natur.

Ich erinnere mich deutlich an die beklemmenden Bilder, die in den 50er Jahren in der Schule auf Kriegsgeräte hinwiesen und ihre Gefahren, sollten wir beim Spiel mit ihnen in Berührung kommen. Aus Neugier verursachte Explosionen ließen auch in der Nachkriegszeit Unschuldige zu Krüppeln werden und hinterließen in uns Visionen von den Schrecken des Krieges.

Mitte der 60er Jahre marschierten wir als Studenten durch das Dorf unwissend um die Geschehnisse in Russland zur Zeit Stalins und von der Lage Chinas unter Mao. Sie waren für uns Vorbilder wie Ho Chi Minh oder Che Guevara. Mit lauten Protestrufen teilten wir dies den erstaunten Bauern mit, die auf ihren Mauleseln mit dem Pflug beladen ihrer alltäglichen schweren

Arbeit nachgingen. Sie mahnten uns, eifrig zu lernen und kritisch unseren Verstand zu nutzen.

In der Schule endete der Geschichtsunterricht zu meiner Zeit stets mit der Befreiung und Einheit Italiens 1871. Ein konfuses Wissen hatten wir vom 1. Weltkrieg. Kaum wurde der 2. Weltkrieg erwähnt.

Stattdessen lernten wir Homer und Vergil auswendig.

Aufklärung und Bildung sind notwendig!

Menschen mit Bildung und Gelehrsamkeit schaffen es, Traditionen und Moderne zu verbinden und alle Teile der Erde aus einer Stammesgesellschaft in eine offene Gesellschaft zu führen: eine freie Gesellschaft, die die Einheit aller Menschen mit dem Willen sich zu engagieren, sich zu beteiligen, zur Reife zu gelangen, darstellt. Die Reife finden wir nicht einfach auf der Straße, nur mit Beharrlichkeit können wir sie erwerben. Bildung muss resistent sein gegen die Einflüsse von Mehrheiten oder Machthabern. Die Willenskraft muss von solcher Intensität sein, dass sie gegen jegliche Verblendung widerstandsfähig ist, dass jeder die Möglichkeit hat, sich selbst zu verwirklichen.

Einen Bereich von Bildung stellt die Kunst dar. In der Auseinandersetzung mit ihrer Sinnhaftigkeit finden wir die unterschiedlichsten Deutungen. Gleichrangig neben der Ästhetik, die jedem Kunstwerk innewohnen sollte, steht seine Aussagekraft, die ein Werk weitergeben soll, die es einzigartig macht, es lebt durch seine eigene Ausstrahlung. Ein Künstler, der seine Tätigkeit ernst nimmt, wird so gleich dem Schöpfer zum Kreator einer Welt, seiner

Die Erinnerung soll wach bleiben!

Welt und trägt die moralische Verantwortung für sein Tun für die Öffentlich-keit, an die er seine Idee weitergibt.

Mit seiner Bildersprache beeinflusst er die Menschen und regiert auf seine Weise gesellschaftliches Handeln.

Nicht die Probleme des Tages, sondern die der Epochen, nicht die eines Landes, sondern die der Welt, nicht die einer Partei, sondern die der Mensch-heit sind das Thema der Kunst.

Ernst Bloch fügte hinzu: Nur jenes Erinnern ist fruchtbar, das zugleich erinnert, was noch zu tun ist.

Vor 65 Jahren wurden in Onna in der Nähe von L' Aquila 17 Italiener hin-gerichtet, um den Tod eines Wehrmachtsoldaten zu rächen.

Onna wurde im April dieses Jahres durch ein schreckliches Erdbeben zer-stört, alle konnten die Nachrichten aus den Abruzzen verfolgen. Deutschland zeigt die Bereitschaft, beim Wiederaufbau von Onna mitzuhelfen, um aus dem Übel der Vergangenheit eine gute Basis für die Zukunft zu gestalten. Es ist eine große Geste der Solidarität, die uns lehrt, dass wir unseren Beitrag leisten können, um die Geschichte zu ändern.

Die Erinnerung an den Krieg, so wie er sich in Italien ereignet hatte, wurde durch die Erzählung der Erwachsenen dem Vergessen entzogen. Was wussten wir aber von Deutschland? Wenig war an uns weitergegeben worden.

Schon seit vielen Jahren lebe ich in Deutschland. In dieser Zeit konnte ich die Deutschen kennenlernen als ein Volk von lebensfrohen, soliden Menschen voller Sehnsucht nach Frieden – so wie andere Völker auch. Sie lieben es, das Leben zu genießen. Freundliche lustvolle Menschen, die gerne lachen und im entscheidenden Moment auch ihre Trauer oder Traurigkeit zum Ausdruck bringen. Menschen, die auf andere zugehen, lebendige Gespräche führen, die zur Neuorientierung oder Freundschaft verhelfen, engagierte Bürger, die andere in ihrer Mitte aufnehmen und sie zu Mitbürgern machen. So empfinde ich es, das ist meine Erfahrung, und darum ist es für mich eine Ehre und eine große Verantwortung zugleich, wenn ich an dieser Stelle die Rede zum Volkstrauertag halten kann.

Dafür bedanke ich mich herzlich beim Bürgermeister der Gemeinde Herrn Ulrich Francken und bei Frau Hanni Schulte.

Ich grüße alle Anwesenden, die sich an diesem Ort versammelt haben die Angehörigen, die Soldaten, die Freunde.

Ausdrücklich freue ich mich in jedem Jahr, junge Menschen in dieser Feierstunde zum Volkstrauertag mitwirken zu sehen. Denn dort, wo Krieg herrscht, sind sie die Leidtragenden. Es kommt auf uns Erwachsene an, dafür zu sorgen, dass sie mitkommen und nicht ins Abseits geraten in dieser Zeit, in der wir immer schneller und weiter vorandrängen und in der Welt, die sich bis ins Unbegreifliche hinein verändert.

Betrachte ich die neue Generation, so stelle ich fest, dass viele sich für sozi-ale Fragen engagieren, hoch interessiert sind an der Natur, den Folgen den

Erderwärmung, dem Verlust der natürlichen Ressourcen. Wirtschaftsänderungen fordern sie zum Nachdenken auf. Durch ihre Ausbildung oder ihr Studium unterhalten sie Kontakte zu Gleichaltrigen und Gleichdenkenden auf der ganzen Welt, sie machen sie sensibel für die Situationen anderer.

Impulse werden weitergegeben, die den jungen Menschen Mut machen, die den Glauben an sich selbst stärken. Ihr Unternehmungsgeist braucht Ziele, die Disziplin und Freiheit eines Tänzers mit außergewöhnlicher Beherrschung über sich und die Lust, Verantwortung für die Gestaltung des eigenen Lebens zu übernehmen. Das Wissen ist vorhanden, dass Menschen da sind, die an die Fähigkeiten der Jugend glauben und die sie fördern. Die für ihre Entwicklung Verantwortlichen als das Salz der Erde gehen mit Geduld, mit Loyalität, Mitgefühl, in gegenseitiger Achtung auf ihre Fragen ein.

Unsere Jugend besitzt Möglichkeiten, die Lebenskraft und den Mut, positiv an Veränderungen in der Gesellschaft mitzuwirken.

Wichtig ist in jeder Hinsicht die Beherrschung der Sprache: hier der deutschen Sprache. Nur so kann ich in Beziehung zu meinem Nächsten treten. Dabei ist es eine Bereicherung auch die Wurzeln der eigenen Kultur zu pflegen. Denn diejenigen, die sich selber respektieren, werden auch von anderen respektiert. Gemeinsam sind wir stark, um besser zu leben.

In einer lebendigen, kreativen Gesellschaft, die sich in einem ständigen und immer schnelleren Wandel befindet, wo die Relativität der eigenen Erkenntnis jedem bewusst ist, werden wir, ganz gleich welcher Nationalität oder Religion wir angehören, durch die richtige Gesinnung und die wache Urteilsfähigkeit zu effizienten Lösungen finden. Die Zukunft – unendlich offen – stellt uns vor große Herausforderungen. Die ganze Gesellschaft muss die Verantwortung übernehmen, damit soziale Gerechtigkeit ermöglicht wird.

Die Geschichte verpflichtet uns dazu.

Meine Landsleute kamen vor Jahren als Gastarbeiter in dieses Land. Sie fanden Arbeit. Weit weg von ihren Familien leitete sie die Idee, dass Arbeit den Menschen nicht von sich selbst entfremdet, sondern ihm erst zum Bewusstsein seiner Würde verhilft.

Alle Grenzen sind künstlich
nicht nur die Landesgrenzen sondern auch die unsichtbaren in unseren Köpfen.

Menschen suchen uns in Notsituationen auf und wollen teilhaben an unserem Lebensstandard, sie kämpfen um ein wenig mehr Lebensqualität. Wir sind aufgefordert, sie darin zu unterstützen, ihnen mit Hilfsbereitschaft und Wertschätzung zu begegnen. Das Leid in der Welt – wo immer es stattfindet – verletzt uns selbst auch.

Ich zitiere Claudio Magris: „Vielleicht besteht die einzige Möglichkeit, die Macht der Grenzen zu neutralisieren, darin, sich immer auch auf der anderen Seite zu fühlen…"

Es wäre vermessen, dauerhafte Lösungen anzubieten, denn wie eine Spirale ergeben sich neue kompliziertere Probleme, die nach subtilen Lösungen rufen.

Ihr könnt vielleicht denken, dass ich ein Träumer bin – doch ich bin nicht der einzige.

Der 2. Weltkrieg hat Europa von der Diktatur befreit. Gewalt konnte letztendlich wieder einmal nur durch Gewalt beendet werden!

Vor 20 Jahren hielt die Welt den Atem an: Mit Mut und durch eine friedliche Revolution erreichten Menschen in Deutschland das scheinbar Unmögliche – gewaltlos beim Mauerfall die ersehnte Vereinigung herbeizuführen, die russischen Panzer wurden dieses Mal in die Kasernen verbannt.

Erkennen wir, dass der Krieg dem Menschsein widerspricht, so folgt daraus unerlässlich, dass all unser Tun und Handeln darauf gerichtet sein muss, dass weder hier noch irgendwo auf der Welt Kriege stattfinden können.

Ich bin sicher, dass alle Gräber wie ein Aufschrei sind, gemeinsam für Frieden, Freiheit und Gerechtigkeit einzutreten.

Ein kurzer Zeitraum ist vergangen, seitdem der Mensch Teil der Schöpfung wurde, ich wünsche uns, dass die Zukunft unendlich lange andauert.

Ich wünsche mir außerdem, dass wir Menschen nach allen leidvollen Erfahrungen lernen, die Sprache zu benutzen, um die Probleme /die Konflikte der Welt und der Menschheit zu lösen – wo die Kraft der Sprache versagt oder Taten nicht folgen, beginnt die Gewalt, die Unterdrückung, der Krieg.

Der Bürger Vincenzo Sacco hält die Rede zum Volkstrauertag.   Foto: Steve Hill

Da, wo wir heute stehen, halten drei steinerne kraftvolle Kreuze und schlichte Namenstafeln die Erinnerung wach und lassen in ihrer unfassbaren Vielzahl den Gedanken zu: Nie wieder Krieg!

Steine sind nicht stumm, sie schweigen nur
Vereint mit der Stille der umgebenden Natur durchbrochen von einem Flüstern und Rauschen in den Bäumen wurde hier ein würdiger Ort der Begegnung, der Erinnerung geschaffen – eine Stille, die unsere Seelen gefangen nimmt.

Eine kindliche Stimme durchbricht sie verhalten, fordert uns auf, in Frieden zu leben, im Respekt vor dem Nächsten, der Natur und ihrem Schöpfer, der sie uns als sein Eigentum anvertraut hat mit dem Auftrag, sie zu kultivieren und zu bewahren – stellvertretend das schöpferische Handeln Gottes fortzusetzen: alles Leben in seiner Eigenart, Größe und Schönheit zu fördern und sich entfalten zu lassen – im Einzelnen wie im Ganzen.

Ich bedanke mich, dass Sie sich die Zeit genommen haben, meinen Ausführungen und Gedanken zu folgen.

Danken möchte ich meiner Familie für die anregenden Diskussionen.

Glückt es dir nicht, mich gleich zu fassen, behalte nur Mut,
Triffst du mich nicht an einer Stelle, so suche woanders,
Irgendwo bleib ich und warte auf dich.

Walt Whitman

XXX. 50 Jahre Italiener in Weeze

Beim Lesen der Schrift wurde Ihnen die Geschichte meiner Landsleute vor Augen geführt, die sich während der letzten 50 Jahre in Weeze ereignete.

Mit außerordentlichen Anstrengungen haben sie dazu beigetragen, wie viele andere „Gastarbeiter" auch, der Bundesrepublik Deutschland zu wirtschaftlichem Aufschwung zu verhelfen. Ihre Wünsche und Träume, die sie leiteten, diesen Weg zu gehen, sind unterschiedlichster Art gewesen. Verschiedenartig waren auch die Bedingungen, die sie vorfanden. Viele verließen aus diesem Grund Weeze, andere sahen im Leben in diesem Land eine sichere Zukunft für sich und ihre Familien.

Die Gemeinde Weeze respektierte ihren Einsatz und würdigte am 16.08.2011 in einer Feierstunde in der Alten Schmiede diejenigen, die als Erste in den Ort kamen und bis heute blieben. Aus der Rede des Bürgermeisters Herrn Ulrich Francken während der Festsitzung des Rates der Gemeinde Weeze:

… „Vor 50 Jahren unterzeichneten Italien und Deutschland den Vertrag, der die ersten italienischen „Gastarbeiter" nach Deutschland brachte. Den Menschen, die damals aus wirtschaftlicher Not ihrer Heimat den Rücken kehrten, verdanken wir heute nicht nur Pizza, Pasta, Espresso oder ein leckeres Eis aus der Eisdiele.

Für viele Italienerinnen und Italiener, die nach Deutschland kamen, war es anfangs eher alles andere, als eine fröhliche Veranstaltung. Zumal in den Anfangsjahren waren die Arbeitsbedingungen äußerst hart, die Lebensbedingungen zum Teil nicht rosig. Die Italiener waren die ersten offiziellen sogenannten „Gastarbeiter" und mussten für diese Pionierrolle wohl auch Tribut zollen. Denn ihre Gastgeber waren teilweise auf die Situation noch weniger vorbereitet, als sie selbst. Der berühmte Satz „Wir riefen Arbeitskräfte und es kamen Menschen" beschreibt ja nicht erst die Erfahrung, dass ein Teil der Gastarbeiter später bleiben wollte. Schon von Anfang an waren es nicht nur in Weeze praktische Probleme der zugereisten Menschen, die es zu lösen galt.

… Aus der ersten Generation wohnen inzwischen nur noch wenige Italiener in Weeze. Einige von ihnen leben heute bereits in der zweiten und dritten Generation hier bzw. in den Nachbarorten. Dass die Weezer seit eh und je einvernehmlich mit Ausländern zusammen leben können, zeigte sich nicht nur im Umgang mit den italienischen Landsleuten sondern auch beim jahrelangen guten Miteinander mit den britischen Familien der RAF Laarbruch."

Anschließend ehrte er die italienischen Mitbürgerinnen und Mitbürger, die auch heute, nach 50 Jahren Weeze treu geblieben sind und stellte zum Ende der Ehrung fest, „dass aus kultureller Neugier und Bereicherung – Toleranz und Verständigung – deutsch-italienische Freundschaft – auch in Weeze – das Band bestehe, das unsere Kulturgesellschaften zusammenhält."

Der Verfasser dieser Schrift als Vertreter der Italiener schloss sich an und dankte vor allem der Weezer Bevölkerung, von der sich alle herzlich aufgenommen fühlten:

… „Ich wünsche mir, dass die jüngere Generation den Willen und die Freude findet mit Deutschen, Italienern und anderen Nationen neue Feste zu feiern.

Wir haben versucht, ein Beispiel zu geben.

Mir bleibt es nur noch, mich zu bedanken
- bei allen, die unseren Weg in dieses Land gelenkt haben,
- bei allen, die uns in 50 Jahren in Gesprächen und mit Taten unterstützten und uns Türen öffneten auch die des Rathauses,
- bei allen, die auf uns zukamen und uns halfen, zu Mitbürgern dieser Gemeinde zu werden,

Teresa, Cosima und Elisa Sacco

Filippo Alaimo, Antonino Sinatra, Ingrid Crook, Marita Sacco.   Foto: Hans Heinen

Der Bürgermeister lädt ein in die „Alte Schmiede"   Foto Hans Heinen

Seit 50 Jahren wohnen diese Italiener in Weeze – das war Bürgermeister Ulrich Francken am Dienstag eine Ehrung wert.   Foto: Heinz Holzbach

Niers statt Mittelmeer

Vor 50 Jahren kamen die ersten Italiener nach Weeze – und blieben. Nun wurde gelungene Integration gefeiert

Julia Müller

Weeze. Enzo Sacco ist ein schlauer Redner. Der Italiener aus Weeze weiß, was zu tun ist, damit die Zuhörer an seinen Lippen hängen. Man nehme eine gute Portion italienischen Charme, deklariere seinen Vortrag als Dessert zum eher schweren, wortreichen Hauptgericht, das der Bürgermeister zuvor servierte, und umgarne das Publikum mit fast schon poetischen Beschreibungen von duftendem Espresso, schäumendem Spumante und zartschmelzendem Tiramisu.

Buon Appetito! Zum Jubiläum „50 Jahre Italiener in Weeze" gab es Dienstag in der Alten Schmiede natürlich nicht nur gesprochene Köstlichkei-

ten, sondern auch ein deutsch-italienisches Büfett, das die Weezer Landfrauen unter Anleitung der italienischen Bürger zubereitet hatten.

In einer Sonderratssitzung, die vom Ratssaal in die Alte Schmiede verlegt wurde, würdigten die Politiker der Gemeinde ganz offiziell das, was im Alltag mittlerweile völlig selbstverständlich geworden ist: Das Miteinander von Deutschen und Italienern in Weeze – nicht nur in Pizzeria oder Eisdiele, sondern auch in Schulen, Vereinen und ganz privat.

Aus Apulien, Kalabrien und Sizilien kamen mehrere Hundert Gastarbeiter ab 1961 in die Region. „Fast alle Italiener, die an den Niederrhein siedel-

ten, sind in Weeze gestartet", hat Bürgermeister Ulrich Francken recherchiert. Denn im ehemaligen Schreinerdorf gab es in der Holzbranche, bei den Gege-Werken, reichlich zu tun. Akkordarbeit, die die fleißigen Italiener ohne zu murren bewältigten.

**Fremde
Weezer Welt**

Als den Männern nach und nach auch die Familien aus Italien folgten, wurden Schulklassen für die ausländischen Kinder eingerichtet. Um seinen Landsleuten das Einleben in die neue Umgebung zu erleichtern und Kontakte zu den Deutschen zu knüpfen, grün-

dete Enzo Sacco 1980 den „Circolo Italiano Amicizia". Mit Erfolg: Heute spricht der Weezer Bürgermeister Ulrich Francken von „gelungener Integration".

Mit einem Augenzwinkern erinnerte Enzo Sacco daran, wie fremd die Weezer Welt anfangs für die Zugereisten aus dem Süden war. Zum Beispiel für die beiden 14-jährigen Jungs, die – gerade erst angekommen aus Italien – Sehnsucht nach ihrem Meer hatten. Sie streiften durch die niederrheinische Landschaft und stießen auf die Niers. Flugs wurde aus Stöcken und Seilen eine Angel gebastelt. Sehr zum Unmut eines Jägers, der die Jungen entdeckte und ihnen nicht nur die Angel wegnahm,

sondern den Fall auch vors Gericht brachte, da wildes Angeln verboten war. Die Jugendlichen kamen mit einer Ermahnung davon – und haben sich an deutsche Verbote wie diese mittlerweile gewöhnt.

„Weeze war nicht der Ort unserer Träume", sagte Enzo Sacco zum Abschluss seiner Rede. „Weeze war und ist für uns viel mehr. Der Mittelpunkt unseres Lebens, der Ort, an dem wir Familien gründeten." Und der Ort, den so mancher von ihnen nicht mehr verlässt. Einige der Italiener aus der ersten Generation sind schon verstorben – und in ihrer zweiten Heimat Weeze begraben. Ihnen brachte der Bürgermeister Blumen auf den Friedhof.

NRZ

im Uhrzeigersinn: Filippo Girardi, Christel Girardi, Mario Attanasio, Marlene Kempkes, Vincenza Alaimo, Rosanna De Carlo, Antonino und Maria Furnari
hinten rechts: Giovanni und Angelo di Meo.   Foto: Hans Heinen

- bei allen Deutschen, Italienern, Engländern, die den Gedanken der Amicizia aufnahmen und oft mit uns feierten.

Weeze war nicht der Ort unserer Träume, Weeze war nicht das Ziel unserer Urlaubsplanungen. Weeze war und ist für uns viel mehr: Der Mittelpunkt unseres Lebens, der Ort, an dem wir unsere Familien gründeten und von dem aus wir eine besondere Beziehung zu Italien aufbauen konnten.

Europaweit, weltweit haben italienische Komponisten, Sänger, Dirigenten, Maler, Bildhauer, Dichter, Naturwissenschaftler, Denker, Gelatieri das Leben der Menschen bereichert, hat Italien auch als Ausgangspunkt der humanistischen Kultur Menschen beeinflusst und unser abendländisches Selbstbewusstsein entscheidend geprägt.

Wir wollten einen kleinen Beitrag leisten, das Leben in Weeze zu verschönern – ich bin sicher, es ist uns gelungen."

50 Jahre Italiener in Weeze – eine lange, ereignisreiche Zeit.

Während meiner Recherchen zu dieser Schrift lief sie wie in einem Film vor mir ab. Bereichert wurde sie durch die zahlreichen Erzählungen meiner Landsleute und der Weezer Bürger.

Die Landsleute, die geblieben sind, wurden heimisch. Sie haben hier Wurzeln geschlagen. Sie sind nicht allein, sie haben deutsche Freunde, die auf sie zukamen und halfen, zu Mitbürgern dieser Gemeinde zu werden.

In Deutschland haben wir gelernt, dass die Kulturen komplementär sind. Mit allen Unterschieden tragen wir zu einer Bereicherung der universellen Gesellschaft bei. Die Neugier leitet uns, die Verschiedenheiten zu erkennen und zu begreifen in dem, was der Andere denkt, fühlt, schreibt, glaubt oder spricht. Toleranz und Respekt machen es möglich, dass in diesem Land Kirchen neben Synagogen, Tempeln und Moscheen errichtet werden.

Wir wissen, dass wir sterblich sind. Tragen wir gemeinsam dazu bei, dass nicht ein krasser Wandel der Werte die Gesellschaft von Grund auf zerrüttet, sondern dass die Bewohner dieser Erde durch konstruktive Diskussionen und vernünftige Analysen, durch Begegnungen und Beziehungen zueinander finden.

Die Menschen sollten dies als Chance sehen, aufeinander zuzugehen und einander kennen zu lernen, um gemeinsam den Weg des Dialogs, der Solidarität zu gehen – den Weg zu einer Gesellschaft, in der jeder zuhause ist. Wir nehmen ihn in Angriff für unsere Kinder, die im Hier und Jetzt die Zukunft Deutschlands sind, die Zukunft Europas, die Zukunft der Welt.